Fundamenta Juris Publici

herausgegeben von
Rolf Gröschner, Matthias Jestaedt
und Anna-Bettina Kaiser

11

Brun-Otto Bryde / Martin Nettesheim /
Laura Münkler

Wissenschaftliche Verfassungsrechtspolitik?

Mohr Siebeck

Brun-Otto Bryde, geb. 1943, war von 1982 bis 1987 Professor für Öffentliches Recht an der Universität der Bundeswehr München und von 1987 bis zu seiner Emeritierung 2011 Professor für Öffentliches Recht und Wissenschaft von der Politik in Gießen. Von 2001 bis 2011 war er Richter des Ersten Senats des Bundesverfassungsgerichts.

Martin Nettesheim, geb. 1964, ist seit 2000 Professor für Staats- und Verwaltungsrecht, Europarecht und Völkerrecht in Tübingen.

Laura Münkler, geb. 1985, war von 2021 bis 2022 Professorin für Öffentliches Recht, insbesondere Verwaltungs- und Gesundheitsrecht in Greifswald und ist seit 2022 Professorin für Öffentliches Recht und Rechtsphilosophie an der Julius-Maximilians-Universität Würzburg.

Zitierbeispiel:
Laura Münkler, Wissenschaftliche Verfassungsrechtspolitik? Friktionen und Bedingungen der Möglichkeit, in: Brun-Otto Bryde/ Martin Nettesheim/Laura Münkler, Wissenschaftliche Verfassungsrechtspolitik?, FJP 11, Tübingen 2023, S. 73–94 (86).

ISBN 978-3-16-162684-5 / eISBN 978-3-16-162686-9
DOI 10.1628/978-3-16-162686-9
ISSN 2194-8364 / ISSN 2569-3948 (Fundamenta Juris Publici)

Die Deutsche Nationalbibliothek verzeichnet diese Publikation in der Deutschen Nationalbibliographie; detaillierte bibliographische Daten sind im Internet über *https://dnb.de* abrufbar.

Das Buch wurde von Martin Fischer in Tübingen aus der Minion gesetzt, von Gulde-Druck in Tübingen auf alterungsbeständiges Werkdruckpapier gedruckt und von der Buchbinderei Nädele in Nehren gebunden.

Vorwort der Herausgeber

Fundamenta Juris Publici (FJP) ist die Schriftenreihe des Gesprächskreises „Grundlagen des Öffentlichen Rechts", der sich 2011 als Sektion der Tagung der Vereinigung der Deutschen Staatsrechtslehrer konstituiert hat. Die grundsätzlich im Jahresrhythmus erscheinenden Bände dokumentieren den in der Sektionssitzung gehaltenen Vortrag und die beiden dazu abgegebenen Kommentare. Der Reihentitel bekräftigt den Anspruch des Kreises, das wissenschaftliche Gespräch auf die „Grundlagen" zu konzentrieren: auf die ideen-, verfassungs- und verwaltungsgeschichtlichen, die rechts-, sozial- und staatsphilosophischen sowie die rechtstheoretischen, -dogmatischen und -soziologischen Fundamente des ius publicum.

Der hier vorliegende Band dokumentiert das 11. „Grundlagen"-Gespräch anlässlich der Bremer Staatsrechtslehrertagung im Oktober 2022. Im Zentrum stand die Frage, ob es so etwas wie eine *wissenschaftlich* betriebene Verfassungsrechtspolitik geben und wie sie gegebenenfalls aussehen könne. Die Frage zielt umso mehr auf die Grundlagen der grundgesetzlichen Staatsrechtslehre, als sie ihrem Selbstverständnis nach primär Verfassungs*dogmatik* ist, diese aber herkömmlich für verfassungsrechtspolitisches Räsonnement keinen rechten Ort vorsieht, sondern sich im Gegenteil typischerweise über das Ausschlussverhältnis von „dogmatisch" und „politisch" definiert. Antwortversuche haben – im Hauptreferat – Brun-Otto Bryde, Gießen, sowie – in Kommentaren – Martin Nettesheim, Tübingen, und Laura Münkler, Würzburg, unternommen.

Nürnberg, Freiburg i. Br. und Berlin, im Mai 2023	Rolf Gröschner Matthias Jestaedt Anna-Bettina Kaiser

Inhaltsverzeichnis

Wissenschaftliche Verfassungsrechtspolitik?*

Brun-Otto Bryde

I. Einleitung

Als ich die freundliche Einladung zu diesem Vortrag erhielt, wunderte ich mich bei der Formulierung des Themas vor allem über das Fragezeichen. Ich hätte nie ernsthaft daran gezweifelt, dass es wissenschaftliche Verfassungsrechtspolitik gibt. Während Verfassungspolitik auf die Änderung des Textes der Verfassung zielt, kann man Verfassungsrechtspolitik als das Bemühen verstehen, einen bestimmten Sinn des Verfassungstextes durchzusetzen und diesen Sinn dabei auch fortzuentwickeln. Dass Wissenschaftlerinnen eine Rolle in dem Prozess spielen, in dem über die Auslegung von Verfassungsrecht

* Ingo von Münch, dem Wissenschaftler und Politiker, zum 90. Geburtstag gewidmet.

gerungen und dessen Sinn ohne Textänderung fortentwickelt wird, scheint mir nicht besonders zweifelhaft zu sein.[1] Aber dass die Veranstalter ein Fragezeichen gesetzt haben, soll mir Anlass sein, zu überprüfen, ob die Sache so unproblematisch ist, wie ich gedacht habe.

Ich werde das in drei Schritten tun.

Zunächst werde ich zeigen, wie herausgehoben gerade in verfassungsvergleichender Perspektive die Stellung von Wissenschaftlern im deutschen Verfassungsrechtssystem ist.

Dann werde ich untersuchen, ob und wie sich das in der Verfassungsentwicklung in Konkurrenz mit dem Bundesverfassungsgericht bemerkbar gemacht hat.

Schließlich komme ich doch noch zum Fragezeichen, wenn ich frage, wieweit und in welchen Grenzen wissenschaftliche Verfassungsrechtspolitik legitim ist.

II. Die Wissenschaftslastigkeit des deutschen Verfassungsrechts

Man darf das deutsche Verfassungsrechtssystem als besonders wissenschaftslastig bezeichnen. Das fällt einem insbesondere im Gespräch mit ausländischen Kolleginnen, zumal solchen aus angelsächsischen Ländern, auf. In der kontinentalen Rechtsfamilie des *civil law*, das ja in der Tradition der Rechtsfakultäten des Mittelalters steht, ist die Bedeutung der Rechtswissenschaft und von Hochschullehrern im Verhältnis zu Gerichten und

[1] Vgl. schon *Brun-Otto Bryde*, Verfassungsentwicklung, 1982, S. 206 ff.

Richterinnen größer ist als im *common law,* wobei das traditionelle Rangverhältnis im Renommee von Professor und Richter wohl der Vergangenheit angehört. In der Frühgeschichte des Bundesverfassungsgerichts hielt man es noch für nötig, Professoren mit Privilegien wie dem Verbleib im Hochschulamt für das Richteramt zu gewinnen, inzwischen wäre das nicht mehr nötig (und die Abschaffung des Privilegs wird auch immer wieder einmal gefordert).

Wissenschaftlerinnen kommt auf allen Ebenen des Verfassungsrechtssystems eine große Rolle zu, die im internationalen Vergleich auffällig ist. Das beginnt an der Spitze des Systems, beim Bundesverfassungsgericht. Im Bundesverfassungsgericht gab es zwar von Anfang an Richterprofessoren, in der Erstbesetzung waren es 4 von 24 (Konrad Zweigert, Martin Draht, Gerhard Leibholz und Ernst Friesenhahn), aber deren Anteil hat sich ständig erhöht. Inzwischen stellen sie die Mehrheit und prägen die Wahrnehmung des Gerichts. Dieses Übergewicht von Hochschullehrern wird immer wieder kritisiert, besonders heftig zum Beispiel von meiner ehemaligen Kollegin Renate Jaeger. In einem FAZ-Interview bestritt sie schlicht die Geeignetheit von Hochschullehrern für ein Richteramt: „Kein Hochschullehrer ist hundertprozentig Verfassungsrichter."[2] Auf ihre Behauptung, Professoren fiele es schwer, wie Richter zu denken, berief sich dann z. B. die Schweizer Richtervereinigung, als es um die Besetzung

[2] *Renate Jaeger*, Interview, FAZ v. 3.12.2010; weitere Nachweise bei *Daniel Volp*, in: Tristan Barczak (Hrsg.), Mitarbeiterkommentar BVerfGG, 2018, § 3 Rn. 32 ff.

des Schweizer Richters am Europäischen Gerichtshof für Menschenrechte ging.[3]

Anders als in anderen Ländern, in denen sich die Anwaltschaft dieses Geschäft nicht nehmen lassen würde, kommt in der deutschen Tradition Hochschullehrern auch eine wichtige Rolle im Verfassungsprozess zu. Vor allem in den wichtigen und großen Verfahren ist es üblich, sich von Professorinnen vertreten zu lassen. Für die Vertretung öffentlicher Institutionen haben sie fast schon ein Monopol. Die großen Verfassungsprozesse in der Geschichte der Bundesrepublik sind daher immer auch Professorenduelle gewesen.

Eine weitere wichtige Einflussquelle ist das Gutachterwesen. Auch hier dürfte schon die Anzahl und Bedeutung professoraler Gutachten in rechtlichen und politischen Auseinandersetzungen eine deutsche Besonderheit sein. Deren große Anzahl ist schon deshalb bemerkenswert, weil es bei staatsrechtlichen Gutachten anders als in anderen Fächern in den seltensten Fällen darum geht, dass der Wissenschaftler etwas erforschen soll, was der Auftraggeber nicht weiß oder nicht mit der Hilfe der eigenen Mitarbeiterinnen herausfinden könnte. Ziel ist vielmehr meistens, eine bereits bestehende Position mit professoralem Renommee unterfüttern zu lassen, gelegentlich auch, mithilfe des Auftrags den Gutachter zum Überdenken der eigenen Position zu veranlassen.

Die herausgehobene Rolle von Hochschullehrern bei der Klärung verfassungsrechtlicher Fragen setzt sich fort in parlamentarischen Anhörungen und Enquetekommis-

---

[3] https://www.svr-asm.ch/de/index_htm_files/brief_egmr.pdf [zuletzt abgerufen am 24.05.2023].

sionen in Bund und Ländern.[4] Wie bei der Vergabe von Gutachteraufträgen geht es auch dabei allerdings meist nicht darum, dass man vom Hochschullehrer neue Erkenntnisse erwartet, sondern um die Bestätigung von vorgefassten Meinungen. Das folgt schon aus dem Verfahren der Expertenauswahl – der Aufteilung der Vorschlagsrechte auf die Fraktionen nach Proporz.

Aber auch ohne Auftrag sind Staatsrechtslehrer in der Diskussion präsent. Zu jedem wichtigen und zu vielen unwichtigen Fragen nehmen sie in den Medien Stellung und werden auch ständig um ihre instant-Meinung gefragt.[5] Wir brauchen nur an die Diskussion über die Corona-Maßnahmen zu denken, die ja ein Feuerwerk von Äußerungen, in der Regel Verfassungswidrigkeitsverdikte, auslöste. Dabei beruht das nicht einfach auf einem Drängen von Professorinnen in die Öffentlichkeit, sondern auch auf der Nachfrage durch diese Öffentlichkeit. Wie wir wohl alle wissen und erlebt haben, möchten die Medien, von Funk und Fernsehen bis zu den Lokalzeitungen der Universitätsstädte, zu jedem aktuellen verfassungsrechtlichen Thema Interviewpartner mit Professorentitel. Helmuth Schulze-Fielitz zitiert einen Schweizer Kollegen mit der Aussage, dass die Öffentlichkeit eine solche Präsenz der Hochschullehrer in der Debatte geradezu erwartet.[6] Für die zeitnahe Stellung-

---

[4] Nachweise bei *Andreas Voßkuhle*, Die politischen Dimensionen der Staatsrechtslehre, in: Helmuth Schulze-Fielitz (Hrsg.), Staatsrechtslehre als Wissenschaft, 2007, S. 135, 147 f.

[5] Zur Teilnahme an der öffentlichen Diskussion *Helmuth Schulze-Fielitz*, Die Wissenschaftskultur der Staatsrechtslehrer, 2022, S. 40 ff.; *Voßkuhle*, in: Schulze-Fielitz, Staatsrechtslehre (Fn. 4), S. 152.

[6] *Schulze-Fielitz*, Wissenschaftskultur (Fn. 5), S. 40.

nahme von Wissenschaftlerinnen zu verfassungsrechtlichen Fragen sind auch Blogs und andere Onlinemedien von zunehmender Bedeutung.

Bisher habe ich noch gar nicht zum eigentlichen Amt der Wissenschaftlerin, nämlich Lehre und Forschung, Stellung genommen. Auch als akademische Lehrer und durch ihr Œuvre wirken Hochschullehrer an der Verfassungsdiskussion mit. Das sollte eigentlich der Hauptweg ihrer Einflussnahme sein, ist aber wohl vor allem die Basis, von der aus sie im Verfassungsprozess wirken, denn ihre anderen Funktionen verdanken sie ihrem Renommee in der Wissenschaft.

Beim Blick auf die Staatsrechtslehre gilt es wieder eine deutsche (bzw. deutschsprachige) Besonderheit zu vermerken: die schiere Masse an Literatur. Diese ist vor allem dem Qualifikationssystem einer überholten Hochschultradition geschuldet. Die Notwendigkeit zweier anspruchsvoller (und das heißt vor allem langer) Qualifikationsschriften führt zu einer Masse an wissenschaftlichen Auslegungsvorschlägen, wie sie andere Rechtskulturen nicht kennen. Jedes Jahr erscheinen Hunderte von Dissertationen und etliche Habilitationen zum Verfassungsrecht und alle müssen der Idee nach innovativ sein, also einen Inhalt der Verfassung behaupten, den bisher noch niemand entdeckt hat (und damit sind sie zwangsläufig verfassungsrechtspolitisch). Dabei werden wohl häufiger bisher noch nicht aufgefallene Verfassungsverstöße behauptet, als dass dem Staat Handlungsmöglichkeiten eröffnet würden, die ihm bisher versagt wurden. In den 1960er Jahren bemerkte ein Kollege, Heinz Wagner, „*[d]as Schrifttum* erweck[e] den Eindruck, als werde der kleine juristische Befähigungsnachweis für die Begründung der Verfassungswidrigkeit einer Maßnahme verliehen, während für den großen juristischen Befähigungsnachweis zu begründen ist, daß diese Maßnahme auch nicht durch eine Grundgesetzänderung möglich wäre."[7] Das scheint mir bis heute wenig übertrieben. Die übliche Karriere des deutschen Staatsrechtslehrers erfordert sogar noch eine dritte Leistung, das Referat auf der Tagung der Staatsrechtslehrervereinigung. Dieser dritte Befähigungsnachweis hat die Besonderheit, dass das Thema nicht frei gewählt ist und die Zunftregeln es so gut wie ausschließen, die ehrenvolle und oft sehnsüchtig erwartete Einladung abzulehnen,[8] selbst wenn man mit dem Thema eigentlich nichts anfangen kann. Verfassungsrechtspolitik wird hier auch vom Vorstand betrieben.

Zur Masse monographischen Materials gesellt sich eine sowohl nach Zahl wie Umfang ständig wachsende Menge von Kommentaren und Lehrbüchern, ergänzt durch Aufsätze und Vorträge. Dabei ist fraglich, wie groß der Einfluss von Wissenschaftlerinnen durch bloß kluge Gedanken in der Schreibwerkstatt ist. Schon die beschriebene Literaturmasse führt dazu, dass wissenschaftliche Erkenntnisse von der Praxis in der Regel nur in Kurzform (z.B. mittels Kommentaren) zur Kenntnis genommen werden und von der Öffentlichkeit eher durch Medienpräsenz als durch die Lektüre wissenschaftlicher Literatur. Die Tatsache, dass gewichtige Monographien in der Regel Qualifikationsschriften sind, deren Themenwahl und Inhalt nicht in erster Linie praktischen Bedürfnissen, aber

[7] *Heinz Wagner*, Um ein neues Verfassungsverständnis, DÖV 1968, S. 605 (Hervorhebung im Original).

[8] *Schulze-Fielitz*, Wissenschaftskultur (Fn. 5), S. 66.

auch nicht ausschließlich wissenschaftlichen Erkenntnisinteressen folgt, sondern auch durch den Blick auf erstrebte *venia* und Berufungschancen bestimmt wird (und deren Lektüre oft ermüdend ist), dürfte die Rezeption nicht fördern.

Man kann also für unser Thema jedenfalls feststellen, dass Wissenschaftlerinnen und Wissenschaftler in sehr umfangreichem Maße in dem Prozess präsent sind, in dem um das Verständnis der Verfassung gerungen wird.

Das ist im internationalen wie historischen Vergleich nicht selbstverständlich. Es beruht vor allem auf der praktischen Relevanz verfassungsrechtlicher Fragen in einem Verfassungssystem mit umfassender Verfassungskontrolle durch ein Gericht. Vor allem durch die Verfassungsbeschwerde eröffnet sich dem Bundesverfassungsgericht die Möglichkeit, auf allen Lebensgebieten und in allen Rechtsgebieten Einfluss zu nehmen. Verfassungsrecht ist also relevant in unendlich vielen wirtschaftlichen und sozialen Konflikten, und den hauptberuflichen Experten für dieses Rechtsgebiet wachsen daher Einflusschancen zu. Und diese Expertinnen kommen im kontinentalen Rechtssystem vor allem aus der Wissenschaft. Nur in wenigen Rechtssystemen kann man als Hochschullehrer mit Verfassungsrecht Geld verdienen. In Rechtssystemen ohne oder mit nur zurückhaltender richterlicher Verfassungskontrolle wird Verfassungsrecht eher mit geisteswissenschaftlicher oder sozialwissenschaftlicher Tendenz betrieben. Das galt auch für die Weimarer Republik und war ja nicht unfruchtbar.

III. Verfassungsrechtspolitik zwischen Wissenschaft und Verfassungsgericht

Bei diesem breiten und unablässigen Versuch von Wissenschaftlerinnen, mit Auslegungsvorschlägen auf die Entwicklung von Verfassungsrecht Einfluss zu nehmen, stoßen sie auf einen mächtigen Konkurrenten, das Bundesverfassungsgericht.

Das Verhältnis von Staatsrechtslehre und Verfassungsrechtsprechung ist eng, aber nicht spannungsfrei. In der Festschrift zum 25-jährigen Jubiläum des Gerichts schrieb der Herausgeber Christian Starck: „Verfassungsgerichtsbarkeit weist der Staatsrechtslehre einen Weg aus der gefährlichen Alternative, entweder die jeweilige Staatspraxis bloß zu kommentieren oder sich in spekulativen Konstruktionen zu verlieren."[9] Aber Verfassungsgerichtsbarkeit bedeutet für die Wissenschaft auch die Gefahr, dass sie sich einerseits darauf beschränkt, Verfassungsjudikatur nachzuvollziehen und andererseits auf das verzichtet, was Starck unzulässig herablassend „spekulative Konstruktionen" nennt, nämlich Verfassungstheorie. Es ist ja auffällig, dass die deutsche Staatsrechtslehre den Theoretikern einer Verfassungskultur ohne richterliches Prüfungsrecht, nämlich den Weimarer Größen Kelsen, Schmitt, Smend und Heller viel verdankt und im Grunde bis heute von ihrem Vordenken lebt. Deren Theorien entstanden nicht zufällig in einem Verfassungssystem, in dem die Hauptbeschäftigung des Hochschullehrers nicht die

---

[9] *Christian Starck* (Hrsg.), Bundesverfassungsgericht und Grundgesetz, Festgabe aus Anlaß des 25jährigen Bestehens des Bundesverfassungsgerichts, 1976, S. V.

Beteiligung an Verfassungsprozessen oder Gutachten, und der wichtigste Gesprächspartner nicht ein Verfassungsgericht war, sondern geistes- und sozialwissenschaftliche Nachbarfächer.[10] Es ist sehr fraglich, ob diese Theorien in einem System mit justiziabler Verfassung entstanden wären. Rudolf Smends Forderung nach einer „elastischen, ergänzenden, von aller sonstigen Rechtsauslegung weit abweichenden Verfassungsauslegung"[11] war deutlich nicht auf eine justiziable Verfassung bezogen, sondern einer geisteswissenschaftlichen, programmatischen Sicht der Verfassung geschuldet.

Der Vorwurf, die deutsche Staatsrechtslehre beschränke sich darauf, Verfassungsjudikatur nachzuvollziehen, wird in der Tat erhoben.[12] Er ist sehr übertrieben. Die Staatsrechtslehre hat in der Geschichte dem Verfassungsgericht oft vorgedacht und die Wissenschaft verschont das Gericht auch nicht mit Kritik. Aber der Rechtsprechung des Bundesverfassungsgerichts wird in der Staatsrechtslehre eine größere Maßgeblichkeit zugebilligt als der Rechtsprechung anderer Höchstgerichte in anderen Rechtsfächern, wo gelegentlich erst die Abweichung von der höchstrichterlichen Rechtsprechung den wissenschaftlichen Rang einer Aussage zu begründen scheint. Das deutsche Verfassungsrecht ist in weitem Umfang Präjudizienrecht geworden. Gutes juristisches Handwerk fordert daher,

---

[10] *Brun-Otto Bryde*, Programmatik und Normativität der Grundrechte, in: Detlef Merten / Hans-Jürgen Papier (Hrsg.), Handbuch der Grundrechte, Bd. I, 2003, S. 679, 688.

[11] *Rudolf Smend*, Verfassung und Verfassungsrecht, 1928, S. 79.

[12] *Bernhard Schlink*, Die Entthronung der Staatsrechtswissenschaft durch die Verfassungsgerichtsbarkeit, Der Staat 28 (1989), S. 161.

Entscheidungen des Bundesverfassungsgerichts bei der eigenen Auslegungsarbeit zu berücksichtigen.[13]

Fragt man unter diesen Umständen nach dem Einfluss der Wissenschaft auf die Verfassungsrechtspolitik, fällt die Antwort für unterschiedliche Phasen der Geschichte des GG unterschiedlich aus. Rudolf Smend hat zwar schon 1962 im Festvortrag zum 10-jährigen Bestehen des Bundesverfassungsgerichts gesagt: „Das GG gilt nunmehr praktisch so, wie das Bundesverfassungsgericht es auslegt [...]",[14] aber das war damals noch überzogen. Die Aufgabe der Verfassungsinterpretation stellt sich nämlich heute anders als in den Frühzeiten der Bundesrepublik, als neben dem Verfassungsgericht auch die Wissenschaft Grundlegendes zur Interpretation der neuen Verfassungsartikel zu sagen hatte. Eine Monographie über einen neuen Grundgesetzartikel kurz nach seiner Formulierung wie die von Uber über Art. 12 GG von 1952,[15] die die Auslegung des Bundesverfassungsgerichts im Apothekenurteil[16] beeinflusst haben dürfte, kann man heute nicht mehr schreiben. Es geht in der Regel nicht mehr um begriffliche Grundlagenarbeit. Der Text des GG tritt völlig hinter die Auslegung zurück,

---

[13] *Friedrich Schoch*, Gemeinsamkeiten und Unterschiede von Staatsrechtslehre und Verwaltungsrechtslehre, in: Schulze-Fielitz, Staatsrechtslehre (Fn. 4), S. 177, 198 f.; *Brun-Otto Bryde*, Verfassungsinterpretation und verfassungsgerichtliche Praxis, in: Franz Reimer (Hrsg.), Juristische Methodenlehre aus dem Geist der Praxis, 2016, S. 107, 108.

[14] *Rudolf Smend*, Festvortrag zur Feier des zehnjährigen Bestehens des Bundesverfassungsgerichts am 26. Januar 1962, in: Das Bundesverfassungsgericht 1951–1971, 1971, S. 16.

[15] *Giesbert Uber*, Freiheit des Berufs, 1952.

[16] BVerfGE 7, 377.

die Rechtsprechung und Lehre dem betreffenden Artikel gegeben haben. Die abstrakte Auslegung der meisten Verfassungssätze ist inzwischen – durchaus in Zusammenarbeit von Rechtsprechung und Wissenschaft – nämlich in einem solchen Maße geklärt, dass man Verfassungsinterpretation gelegentlich fast langweilig nennen könnte. Wenn man beim Bundesverfassungsgericht dogmatische Artistik, wie sie Zivilrechts- oder Strafrechtsdogmatik leisten, vermisst, dann liegt das auch daran, dass die Dogmatik häufig nicht strittig ist.

Zwar wäre es übertrieben, zu behaupten, dass nach 70 Jahren alle Fragen geklärt sind. Im Staatsorganisationsrecht werfen nicht nur neue politische Entwicklungen neue Fragen auf, sondern Rechtsprechung wie Wissenschaft haben sich auch noch immer nicht völlig vom Erbe des konstitutionellen Staatsrechts des 19. Jahrhunderts gelöst.[17] Auch das Verhältnis von Verfassungsrecht und Europarecht ist bis heute strittig. Die Konsolidierung der Dogmatik ist aber deutlich in der Grundrechtsdogmatik, vielleicht weniger bei der Gleichheit und den objektiven Grundrechtsfunktionen, aber sicher im Eingriffsabwehrschema.

Die gesamte Tendenz der deutschen Grundrechtsentwicklung seit Elfes[18] geht dahin, den Grundrechtsschutz tatbestandlich so weit wie begrifflich möglich auszuweiten (freie Entfaltung der Persönlichkeit als allgemeine Handlungsfreiheit, Eigentum als Summe vermögenswerter

[17] Z. B. in der Vorstellung einer „neutralen" Regierung in BVerfG 2 BvE 4/20 v. 15.6.2022; dazu das Sondervotum von Astrid Wallrabenstein.

[18] BVerfGE 6, 32.

Rechte, Beruf als jede wirtschaftliche Tätigkeit, Religionsausübung als das Recht, aus dem Glauben zu leben einschließlich des Sammelns von Altkleidern[19]). Gleichzeitig wird der Eingriffsbegriff entgrenzt, korrespondierend werden aber auch – und schon deshalb zwingend, weil mit dieser Ausweitung auch Grundrechtskollisionen zunehmen – die Schranken ausgebaut (zum Beispiel auch für vorbehaltslose Grundrechte Schranken gefunden, die sich in der Praxis kaum von einem Gesetzesvorbehalt unterscheiden), so dass die Lösung des Falles erst bei den Schranken-Schranken im Verhältnismäßigkeitsprinzip gefunden wird. Wegen des großen Spielraums, den das Gericht richtigerweise dem Gesetzgeber bei der Beurteilung von Geeignetheit und Erforderlichkeit gibt, erfolgt dies meist bei der Abwägung gegenläufiger Belange auf der Stufe der Verhältnismäßigkeit im engeren Sinne. Es gibt zwar auch nach 70 Jahren immer wieder ungeklärte Fragen bei Vorschriften, die bisher keine praktische Rolle gespielt haben, wie zur Zeit bei der Reichweite der *ne bis in idem*-Regel des Art. 103 Abs. 3 GG im Wiederaufnahmeverfahren.[20] Selbst für ausdiskutiert gehaltenen Grundrechten werden neue Facetten abgewonnen, aber bei den meisten Entscheidungen ist nicht strittig, dass ein Eingriff in einen Schutzbereich vorliegt und dass dieser im Prinzip rechtfertigungsfähig ist.

Diese Struktur der Grundrechtsprüfung gibt dem Bundesverfassungsgericht einen in der Literatur immer wieder kritisierten großen Entscheidungsspielraum,[21]

[19] BVerfGE 24, 236, 248.
[20] BVerfG 2 BvR 900/22 v. 14.7.2022.
[21] *Matthias Jestaedt*, Grundrechtsentfaltung im Gesetz, 1999,

aber die Wissenschaft hat diesen Prozess in vollem Umfang mitgetragen und befördert. In der Entgrenzung von Schutzbereichen und Eingriffsbegriff geht die Literatur oft weiter als das Gericht. Versuche, diese Entwicklung zu stoppen oder zurückzudrehen, wie Dieter Grimms Sondervotum zum Reiten im Walde[22] oder die viel kritisierten Entscheidungen des 1. Senats zu Glykol[23] und Osho[24] blieben erfolglos, auch weil sie auf den entschlossenen Widerstand der Wissenschaft trafen.[25]

Damit wird das Verhältnis von Wissenschaft und Praxis verändert. Es geht regelmäßig nicht mehr um die abstrakte Auslegung von Verfassungssätzen, bei der die Wissenschaft in ihrem genuinen Feld ist und daher eine Vorreiterrolle übernehmen kann und in der Frühgeschichte des GG auch übernommen hat, sondern um die gerechte Entscheidung des Einzelfalls, und die ist in erster Linie der Beruf des Richters. Die besondere Überzeugungskraft richterlicher Verfassungsauslegung liegt in der Konfrontation des Rechts mit der Wirklichkeit. Wissenschaftliche Verfassungsauslegung ist als kritischer Gegenpart unverzichtbar, sie kann vor allem konsequenter und systematischer sein, als die oft kompromisshaften Entscheidungen des Bundesverfassungsgerichts. Die Praxis

---

S. 49: „unbegrenzte Abwägung"; weitere Nachweise *Arno Wieckhorst*, Grundrechtsschutz durch Legislativverfahren, 2017, S. 320 ff.

[22] BVerfGE 80, 137, 164 ff.

[23] BVerfGE 105, 252.

[24] BVerfGE 105, 279.

[25] *Wolfgang Kahl*, Vom weiten Schutzbereich zum engen Gewährleistungsgehalt, Der Staat 43 (2004), S. 167, mit Erwiderung von *Wolfgang Hoffman-Riem*, Grundrechtsanwendung unter Rationalitätsanspruch: Eine Erwiderung auf Kahls Kritik an neueren Ansätzen in der Grundrechtsdogmatik, Der Staat 43 (2004), S. 203 ff.

des Bundesverfassungsgerichts erlaubt durchaus kritische Fragen der Wissenschaft, aber andere, als meist gestellt werden.

Bei der Kontrolle von Abwägungsentscheidungen wäre mehr Interdisziplinarität hilfreich als die deutsche Staatsrechtslehre sie traditionell aufweist,[26] auch wenn die Abwehrhaltung gegen die Nachbarwissenschaften nicht mehr so groß ist wie in den 1970er Jahren. Die sehr ausführlichen Sachberichte der Karlsruher Entscheidungen würden durchaus Material bieten, werden aber wohl kaum gelesen. Vor allem aber hat die deutsche Staatsrechtslehre sich noch nicht hinreichend auf die neue Wirklichkeit eines Präjudizienrechts eingestellt, und das muss sie tun, wenn sie die Rechtsprechung wirkungsvoll kritisch begleiten will.

Da die Urteile des Bundesverfassungsgerichts ihre Überzeugungskraft aus der Entscheidung im konkreten Fall gewinnen, die häufig eine Abwägungsentscheidung ist, sollten nicht – gelegentlich zu weit gefasste – Leitsätze und abstrakte Rechtsaussagen oder gar die viel zu vielen *obiter dicta*[27], sondern die konkrete Entscheidung Ausgangspunkt der Analyse für die Reichweite ihrer Maßgeblichkeit und Überzeugungskraft für die Verfassungsentwicklung sein.[28]

---

[26] *Martin Morlok*, Reflexionsdefizite in der deutschen Staatsrechtslehre, in: Schulze-Fielitz, Staatsrechtslehre (Fn. 4), S. 49, 61 ff.

[27] *Brun-Otto Bryde*, Obiter Dictum, in: Wolfgang Durner/Franz-Joseph Peine/Foroud Shirvani (Hrsg.), Freiheit und Sicherheit in Deutschland und Europa, Festschrift für Hans-Jürgen Papier, 2013, S. 493.

[28] *Oliver Lepsius*, Kontextualisierung als Aufgabe der Rechtswissenschaft, JZ 2019, S. 793.

In einem Rechtssystem, das explizit Fallrechtssystem ist, also dem *common law*, ist es wesentliche Aufgabe der Rechtswissenschaft, aus dem konkreten Fall verbindliche Aussagen zu gewinnen, diese aber auch mit Hilfe des konkreten Falls zu relativieren. Die deutsche Staatsrechtslehre könnte daher in der Auseinandersetzung mit dem Fallrecht des Bundesverfassungsgerichts einiges von *common law*-Ländern lernen. Der *common law*-Jurist übt sich darin, die Reichweite von Präjudizien eng zu halten. Deutsche Verfassungsjuristen machen aber kaum den Versuch, zum Beispiel Aussagen des Gerichts danach zu relativieren, ob sie *obiter dicta* oder *rationes decidendi* sind, und wie weit der Kontext des konkreten Falles abstrakte Rechtsaussagen wirklich trägt, selbst wenn sie technisch *ratio decidendi* sind. Geht man in der Praxis immer wieder zitierte Aussagen des Gerichts durch, ist man oft überrascht, wie wenig sie für den Ausgang im konkreten Fall entscheidend waren.

Die generelle Tendenz in der wissenschaftlichen Auseinandersetzung mit dem Gericht geht aber in eine andere Richtung. Es ist regelmäßig nicht das Bestreben der Wissenschaft, Entscheidungen auf ihren Kern zurückzuführen und die Präzedenzwirkung von Urteilen klein und eng am Streitgegenstand zu halten. Leitsätze und *obiter dicta* werden nicht in den Kontext eingearbeitet, sondern als quasi-Verfassungssätze behandelt. Die Reichweite von Entscheidungen wird so ausgeweitet, um immer neue verfassungsrechtliche Restriktionen für die Politik zu behaupten. Das ist weder für die Wissenschaft noch für die Praxis der richtige Umgang mit Entscheidungen in einem Präjudizienrecht. Eine kritischere Haltung der Wissenschaft in diesem Punkt wäre auch für das Bundesverfassungsgericht hilfreich und könnte es von allzu ausschweifenden Ausflügen über den konkreten Fall hinaus abhalten und zur sorgfältigeren Arbeit mit seinen Belegen zwingen. Die Staatsrechtslehre hat im Prozess der Verfassungsentwicklung Einfluss, aber der Einfluss könnte und sollte größer sein, auch im Interesse des Bundesverfassungsgerichts.

IV. Die Legitimität wissenschaftlicher Verfassungsrechtspolitik

Die Frage, ob wissenschaftliche Verfassungsrechtspolitik legitim ist, lässt sich zunächst einmal sehr einfach beantworten:

Der Versuch, die Auslegung der Verfassung zu beeinflussen, ist ein Jedermannsrecht, wie Peter Häberle in seinem schönen Aufsatz über die offene Gesellschaft der Verfassungsinterpreten[29] gezeigt hat. Dass Wissenschaftlerinnen an diesem Prozess mit spezifischen Kenntnissen und besonders gutem Argumentationsmaterial teilnehmen, verschafft ihnen größere Aufmerksamkeit als anderen Bürgern. Aus verfassungsrechtlicher Sicht ist aber erst einmal festzuhalten, dass jedermann sich an dieser Diskussion beteiligen darf:[30] Über den Satz, dass die Menschenwürde unantastbar ist, kann eine Pastorin predigen und ein Künstler kann ihn zum Gegenstand

[29] *Peter Häberle*, Die offene Gesellschaft der Verfassungsinterpreten, JZ 1975, S. 297.

[30] Sehr deutlich: *Mark Tushnet*, Taking The Constitution Away From the Courts, 1999; vgl. zur Bürgerverfassung auch *Bryde*, Programmatik (Fn. 10), S. 703 ff.

eines Kunstwerks machen. Nur die verbindliche Entscheidung steht dann anderen zu. Etwas schwieriger ist die Frage zu beantworten, ob es noch Wissenschaft ist, wenn Wissenschaftlerinnen Verfassungsrechtspolitik betreiben. Den Einfluss, den Wissenschaftler im deutschen Verfassungsprozess haben, verdanken sie zum großen Teil nicht der Wirkung ihrer Veröffentlichungen, sondern ihrer Beteiligung an der Praxis. Als Verfassungsrichterinnen oder Prozessvertreter betreiben sie keine Wissenschaft. Es spricht allerdings alles dafür, dass ihre Doppelrolle auf die Praxis Einfluss hat. Dass sie als Mitglieder des Gerichts in Versuchung sind, der eigenen Lehrmeinung Verbindlichkeit zu geben, ist nicht auszuschließen. Auch der akademische Stil deutscher Verfassungsgerichtsurteile dürfte hier einen Grund haben. Inwieweit es einen Unterschied macht, ob Professoren oder Anwälte als Prozessvertreter auftreten, ist schwerer zu beurteilen. Den Stil mündlicher Verhandlungen prägt es sicherlich. Und wenn nur Anwälte aufträten, käme wohl niemand auf den Gedanken, eine Dokumentation über wichtige Verfassungsprozesse zu veröffentlichen.

Ein Grenzfall ist das Gutachterwesen. Dem Anspruch nach sind Gutachten wissenschaftliche Aussagen. Aber sie werden eben häufig nicht mit offenem, sondern gemäß dem vom Auftraggeber erwarteten Ergebnis eingeworben. Da ich selbst mehr als ein Gutachten erstattet habe, wäre es Heuchelei, wenn ich mich Peter Häberles Philippika gegen professorale Gutachten anschließen würde.[31] Aber

[31] *Peter Häberle*, Vermachtungsprozesse in nationalen Wissenschaftlergemeinschaften, in: Schulze-Fielitz, Staatsrechtslehre (Fn. 4), S. 159, 172.

sie sind von Rezipienten zurückhaltend zu bewerten. Als Entscheidungsträger behandelt man sie vorsichtshalber als Parteivortrag (und die Auftraggeber, die viel Geld für Gutachten ausgeben, sollten sich keine Illusionen darüber machen, dass sie genau so behandelt werden.)

Hinsichtlich der Medienpräsenz von Professoren kann man fragen, ob das Wissenschaft oder Feuilleton ist. Die für ein allgemeines Publikum gedachte Darstellung wissenschaftlicher Erkenntnisse ist verdienstvoll, aber die entschlossene und von Nachdenklichkeit nicht angekränkelte *ad hoc*-Bewertung aktueller Vorgänge entspricht häufig nicht üblichen wissenschaftlichen Standards.

Nach dieser Abschichtung der Fälle, in denen die Präsenz von Wissenschaftlerinnen im Verfassungsprozess Auswirkungen hat, aber nicht eigentlich Wissenschaft ist, kommen wir zur Beteiligung an der Verfassungsentwicklung durch Auslegungsvorschläge in der Literatur. Wird die Grenze der Wissenschaft verlassen, wenn der Autor anderen Meinungen und insbesondere der Rechtsprechung aufgrund eigener Wertung eine eigene Auffassung entgegensetzt? Es gibt Positionen in der Methodendiskussion, die das bejahen würden, mit der ganz überwiegenden Tradition der deutschen Rechtswissenschaft würde ich es verneinen. Gemessen am szientistischen Wissenschaftsbegriff der Natur- und Sozialwissenschaften ist die dogmatische Auslegungsarbeit ohnehin keine Wissenschaft, jedenfalls nachdem die Illusion des Positivismus, man könne Normen mit logisch-deduktiver Methode ein eindeutiges Ergebnis entnehmen, aufgegeben ist.

Dem Selbstverständnis der deutschen Jurisprudenz diametral entgegengesetzt wären in diesem Sinne nur die

Grundlagenfächer – Rechtssoziologie, Rechtsgeschichte – Rechts*wissenschaft*. Eine solche Terminologie finden wir zum Beispiel in einer Nachbarfakultät mit der Unterscheidung von Theologie und Religionswissenschaft; analog könnte man Jurisprudenz und Rechtswissenschaft unterscheiden. Aber auch die Theologie sieht sich als Wissenschaft. Ähnlich ist die Terminologie in den USA: der Begriff *legal science* ist den Grundlagenfächern vorbehalten, *Law* ist keine *science*[32] sondern *profession*, aber die Lehrer des Rechts sind *scholars*, also Wissenschaftler. Die Tradition der juristischen Fakultäten sieht es überwiegend umgekehrt: nur die dogmatische Arbeit, die sich um die Auslegung von Rechtssätzen mit einem eigenen Ergebnis bemüht, ist „echte" Rechtswissenschaft. Jedenfalls bekommt man für ein rein rechtssoziologisches oder rechtshistorisches Œuvre nicht die *Venia* für die Hauptfächer, die man für die Karriere braucht. Die Rechtswissenschaft übernimmt damit die Perspektive des Richters: Dieser muss eine strittige Auslegung in eine Richtung auflösen. Über alle Methodenstreitigkeiten hinweg sind dabei zwei Dinge unstreitig: Der Interpret ist an Normen gebunden und muss deren Sinn unter Erschöpfung des juristischen Handwerkszeugs erfassen. Das bezeichnet auch die Grenze zulässiger Verfassungsrechtspolitik. Das juristische Handwerkszeug führt allerdings nicht immer zu eindeutigen Lösungen, sondern häufig muss der Interpret sich wertend zwischen mehreren Lösungen entscheiden, und daher ist Raum für Verfassungsrechts-

[32] Zum Unterschied zwischen Rechtswissenschaft und Wissenschaft vom Recht: *Richard Abel*, Law Books and Books About Law, Stanford Law Review 26 (1973), S. 175.

politik. Dabei ist die Interpretation nach der schönen Terminologie von Bäumlin[33] nach oben und unten offen, das heißt, sie muss die Besonderheit des konkreten Falls und seiner sozialen Bedingungen erfassen und versuchen, diesen einer gerechten Lösung zuzuführen, was bedeutet, dass der Interpret Wertentscheidungen trifft. Unter dem Grundgesetz ist dabei die Frage, ob und wieweit der Interpret auf Gerechtigkeitsvorstellungen zurückgreifen darf,[34] entschieden, da das Grundgesetz ihm die Wertungen, die seine Interpretation leiten müssen, vorgibt: Menschenwürde, Demokratie, Rechts- und Sozialstaatlichkeit.

Während aber der Richter als Interpret diese Entscheidung treffen muss, brauchte die Wissenschaft das nicht zu tun. Sie könnte sich wie der amerikanische Realismus mit der Beschreibung dessen begnügen, was Richter tun oder wie die Reine Rechtslehre Alternativen und Rechtsprechungslösungen erforschen, ohne selbst Werturteile zu fällen und sich für eine Lösung zu entscheiden.[35]

Dass eine solche Rechtswissenschaft möglich ist, zeigt die Rechtsvergleichung. Als Rechtsvergleicher untersuchen wir die fremde Rechtsordnung und stellen die dort vorhandenen Positionen dar. In aller Regel werden wir nicht behaupten, das englische Recht besser zu kennen als der englische Richter. Dass ein solches Programm auch

---

[33] *Richard Bäumlin*, Staat, Recht und Geschichte, 1961, S. 30.

[34] Nein: *Karl Larenz*, Methodenlehre der Rechtswissenschaft, 3. Aufl. 1975, S. 133 ff.; ja: *Josef Esser*, Vorverständnis und Methodenwahl in der Rechtsprechung, 1972, S. 134 f.

[35] *Hans Kelsen*, Reine Rechtslehre, 2. Aufl. 1960, S. 353; dazu *Horst Dreier*, Hans Kelsens Wissenschaftsprogramm, in: Schulze-Fielitz, Staatsrechtslehre (Fn. 4), S. 81, 109 ff.

auf das eigene Recht angewandt werden kann, zeigt der Landesbericht für ein ausländisches Publikum.

Wie bereits erwähnt, entspricht ein solches Vorgehen jedoch keineswegs der Tradition der akademischen Rechtswissenschaft und zwar nicht nur in Deutschland, die im Gegenteil vom Wissenschaftler erwartet, dass er bei der Normauslegung wie der Richter zu einem Ergebnis kommt, und das kann er nicht, ohne eine eigene Entscheidung zu treffen und damit, wenn es um die Verfassung geht, auch Verfassungsrechtspolitik zu betreiben.

Ich werde mich aber nicht hinter der Tradition verstecken. Ich halte diese Aufgabe der Wissenschaftlerin für richtig. Auch für sie ist die Auslegung nach oben und unten offen, das heißt sie muss die Wirklichkeit, die die Norm regelt, ebenso erfassen, wie versuchen, eine nach Gerechtigkeitsmaßstäben richtige Lösung zu finden. Mit der von der Reinen Rechtslehre verlangten Zurückhaltung würde die Wissenschaft ihre wichtige Aufgabe der Kontrolle der Rechtsprechung verfehlen. Macht bedarf der Kontrolle und gegenüber einem letztinstanzlichen Gericht ist wissenschaftliche Kritik eine wichtige Kontrollinstanz. Diese Aufgabe kann die Wissenschaft aber nur übernehmen, wenn sie sich bereit und in der Lage sieht, der Rechtsprechung eigene bessere Auslegungsergebnisse entgegenzustellen. Urteile des Bundesverfassungsgerichts sind richtigerweise als Präjudizien zu verwerten, aber sie sind keine authentische Interpretation, die nicht hinterfragt werden darf.

Damit sind wir bei der letzten Frage, den Grenzen des Einsatzes wissenschaftlicher Expertise für politische Ziele. Dazu gibt es in der Literatur Mahnungen wie auch das Verbot, eigene politische Wertungen als den

Sinn von Rechtsnormen auszugeben,[36] oder das Gebot, die eigenen Wertungen offenzulegen. Das halte ich im Grunde für überflüssig. Gefordert ist wissenschaftliche Professionalität. Die Grenzen korrekter Normauslegung sind auch Grenzen der Verfassungsrechtspolitik. Wenn ich das Ergebnis, zu dem ich bei Einsatz meines juristischen Handwerkszeuges kommen müsste, aus politischen Gründen ignoriere, ist das unzulässig. Meine Wertung muss ich unter dem GG nicht offenlegen, weil sie von der Verfassung vorgegeben ist. Mit korrekter Arbeit in der Normauslegung hält der Wissenschaftler also auch die Grenzen legitimer Rechtspolitik ein.

Ich komme zum Schluss und ende mit zwei persönlichen Bemerkungen.

Als Abiturient besuchte ich die Informationsveranstaltungen der Universität, auf denen die verschiedenen Fächer vorgestellt wurden. Auf der für Juristen rieten uns die Vertreter von Gerichten und Anwaltschaft wegen der schlechten Berufsaussichten dringend vom Jurastudium ab. Aber ein Professor mit weißer Löwenmähne, der mich schon deshalb beeindruckte, weil er aussah, wie ich mir einen deutschen Professor vorstellte, wies das zurück. Wir sollten nicht nach Jobchancen schielen. Wenn wir den Ehrgeiz hätten, etwas in dieser Gesellschaft für das Gemeinwohl zu bewegen, dann sei Jura das richtige Studienfach. Das überzeugte mich und gab meiner Verlegenheitswahl Sinn. Dieser Professor war mein späterer Doktorvater Herbert Krüger. Jedenfalls für mich selbst kann ich also sagen, dass ich das Jurastudium auch aufgenommen habe, um Politik zu machen.

---

[36] *Dreier,* in: Schulze-Fielitz, Staatsrechtslehre (Fn. 4), S. 84.

Ich weiß nicht, ob die Veranstalter, als sie mich für dieses Thema ausgewählt haben, in meine Habilitationsschrift geschaut haben. Dann hätten sie gesehen, dass ich die Frage nach der Legitimität wissenschaftlicher Verfassungsrechtspolitik für mich positiv beantwortet habe. Der letzte Satz der Schrift lautet, und das soll auch der letzte Satz dieses Vortrags sein:

„Wird für funktionelle und Verfahrensrichtigkeit Sorge getragen, darf die Verfassungsrechtswissenschaft sich unbesorgt als praktische Wissenschaft verstehen, deren Aufgabe die umfassende Entfaltung von Menschenwürde, Demokratie, Rechts- und Sozialstaatlichkeit in der Bundesrepublik ist.“[37]

---

[37] *Bryde*, Verfassungsentwicklung (Fn. 1), S. 458.

Staatsrechtswissenschaft als soziale Praxis: Die Erzeugung und Verwaltung staatsrechtlichen Wissens*

Martin Nettesheim

---

* Ich danke *Matthias Jestaedt* herzlich für die Einladung zur Teilnahme am Gesprächskreis. Die nachfolgenden Überlegungen konzentrieren sich auf einen Teilaspekt des Kommentars, den ich auf der Tagung in Bremen zum Referat von *Brun-Otto Bryde* vorgetragen habe, und bauen diesen Aspekt aus. In der Diskussion hatte sich gezeigt, dass die These, Wissenschaft sei eine soziale Praxis, das größte Interesse (und die stärksten Einwände) auslöste. Ich habe die Form eines Essays gewählt und die Fußnoten auf ein Minimum beschränkt.

I. Wissenschaftliche Wissensproduktion – kognitiv-epistemische und soziale Faktoren

1. Die soziale Dimension der Wissenschaft

Wissenschaftliche Wissensproduktion ist ein soziales Unterfangen. Wissenschaft ist eine soziale Praxis, die sich aus einer Vielzahl individueller kognitiv-epistemischer Akte konstituiert, sich aber nicht darin erschöpft. Die Zeiten, in der man wissenschaftliches Arbeiten ganz oder vorwiegend als (heroische) Suche des isolierten Individuums nach Wahrheit begriff, sind lange vorbei. Das Bild wissenschaftlicher Wissensproduktion, das das Bundesverfassungsgericht in seinen frühen Entscheidungen zu Art. 5 Abs. 3 GG gezeichnet hat,[1] ist daher heute über-

[1] Z.B. BVerfGE 35, 79 [113] – Niedersächsisches Vorschaltgesetz: das „nach Inhalt und Form ernsthafte und planmäßige Bemühen um Wahrheit".

holt. In den Sozialwissenschaften hat sich ein Verständnis wissenschaftlicher Wissensproduktion als eine soziale Praxis, die sich nicht allein mit dem Blick auf das isolierte Individuum erfassen lässt, spätestens seit den 1990er Jahren durchgesetzt. Philosophische und soziologische Arbeiten auf den Feldern der Wissenschaftstheorie und der Sozialepistemologie haben den Umstand ins Bewusstsein gerückt, dass wissenschaftliches Wissen ein anderes Wesen hat als das Wissen eines individuellen Menschen.[2] Diese Arbeiten haben deutlich gemacht, dass sich die Praxis einer Wissenschaftsdisziplin weder epistemisch noch sozialtheoretisch hinreichend erfassen lässt, wenn man sich allein auf die Frage der Erzeugung von wahren gerechtfertigten Aussagen (Wissen) durch isoliert arbeitende Wissenschaftlerinnen und Wissenschaftler konzentriert. Vielmehr besteht eine Interdependenz von kognitiven und sozialen Faktoren der Wissensproduktion. Die Generierung wissenschaftlichen Wissens lässt sich analytisch damit nur sinnvoll beschreiben, wenn die Kooperationsdimension mitverarbeitet wird. Und eine normative Kritik der beobachteten Praktiken ist nicht möglich, wenn man nicht das Gemeinschaftliche in Rechnung stellt. Eine Wissenschaftsdisziplin kann als „Kollek-

---

[2] Aus wissenschaftstheoretischer Perspektive: *Helen E. Longino*, Science as Social Knowledge: Values and Objectivity in Scientific Inquiry, 1990; aus sozialepistemologischer Perspektive: *Steve Fuller*, Social Epistemology (1988), 2. Aufl. 2002; *Alvin I. Goldman*, Knowledge in a Social World, 1999. Zum Entwicklungsstand und zu Binnendifferenzierungen etwa: *Alvin I. Goldman*, Why Social Epistemology is Real Epistemology, in: Adrian Haddock/Alan Millar/Duncan Pritchard (Hrsg.), Social Epistemology, 2010, S. 10.

tivakteur“[3] angesehen werden – ohne dass die einzelnen Akteure damit verschwinden würden.[4] Wissenschaftliches Wissen ist das von der Disziplin getragene Wissen.[5]

Die Staatsrechtswissenschaft lässt sich damit – wie jede andere Wissenschaftsdisziplin auch – nur als Gemeinschaftsunternehmung begreifen, in der eine Vielzahl von Akteuren in Strukturen der Kooperation und Kommunikation staatsrechtliches Wissen erarbeiten.[6] Das Staatsrecht ist dabei der notwendige gemeinsame Bezugspunkt („Forschungsmaterie“; „Forschungsgegenstand“)[7]: Die Disziplin wird dadurch sachlich-inhaltlich begrenzt und definiert, dass Akteure in wissenschaftlicher Weise wahre[8] bzw. richtige Aussagen staatsrechtlicher Natur

---

[3] Ähnlich wie der „Bundestag“, die „Bundesregierung“ oder das „Bundesverfassungsgericht“.

[4] Es erscheint mir sinnvoll, von einer eigenständigen Disziplin des öffentlichen Rechts zu sprechen, auch wenn die institutionellen Bezüge zu den anderen Rechtsfächern eng sind. Viele der hier angestellten Überlegungen gelten auch für andere Fächer. Teilweise sieht man Tendenzen, die die Einheit der Rechtswissenschaft gefährden (*Josef Franz Lindner*, Einheit der Rechtswissenschaft als Aufgabe, Juristenzeitung 71 [2016], S. 697).

[5] *Ronald Giere*, Scientific Cognition as Distributed Cognition, in: Peter Carruthers / Stephen Stitch / Michael Siegal (Hrsg.), Cognitive Bases of Science, 2002, S. 285.

[6] Ein wesentlicher Teil der „community“ ist in der Vereinigung der Deutschen Staatsrechtslehrer zusammengeschlossen (hierzu vor allem *Helmuth Schulze-Fielitz*, Staatsrechtslehre als Mikrokosmos, 2. Aufl. 2022; *Helmuth Schulze-Fielitz*, Die Wissenschaftskultur der Staatsrechtslehrer, 2022).

[7] Hierzu: *Gertrude Lübbe-Wolff*, Expropriation der Jurisprudenz?, in: Christoph Engel / Wolfgang Schön (Hrsg.), Das Proprium der Rechtswissenschaft, 2007, S. 282 (283 Fn. 5).

[8] Die Frage, ob es zweckmäßig ist, den Wahrheitsbegriff mit Blick auf staatsrechtswissenschaftliche Aussagen zu verwenden, soll hier

erarbeiten. Zum Wesen staatsrechtlicher Wissensproduktion gehören neben dem kognitiv-epistemischen Vorgang der Entwicklung und Rechtfertigung von Aussagen auch soziale Praktiken: die Präsentation der formulierten Aussagen in der disziplinären „community", die Äußerung und Entgegennahme von Kritik, die Registrierung von „validierten" Aussagen im Bestand staatsrechtlichen Wissens oder auch die Verwerfung und Aussonderung einer Aussage. Dem nachfolgenden Beitrag liegt damit die These zugrunde: Nicht eine spezifische Methode kennzeichnet das Wesen der Staatsrechtswissenschaft. Richterinnen und Richter sowie Verwaltungsbeamte können die gleichen „Methoden" anwenden und auch zu gleichen Ergebnissen kommen. Es ist vielmehr der institutionelle und der soziokulturelle Kontext der individuellen Wissensproduktion, der das spezifisch Wissenschaftliche einer Disziplin ausmacht.[9]

Das hat sowohl analytisch als auch normativ weitreichende Konsequenzen. Um an dieser Stelle schon einige der sich ergebenden Fragen anzuschneiden: Wer die Frage aufwirft, ob die Generierung staatsrechtlichen Wissens in den gegenwärtigen disziplinären Strukturen *effektiv* erfolgt, kann sich (sowohl wissenschaftstheoretisch als auch wissenschaftspraktisch) nicht damit begnügen, danach zu fragen, was die individuellen Wissenschaftlerinnen und Wissenschaftler im stillen Kämmerlein vor ihrem Computer machen. Entscheidend

---

offenbleiben. Ich verwende im Folgenden auch die üblichen Begriffe „richtige Aussage" und „nicht richtige Aussage".

[9] Einen Überblick über das Selbstverständnis der Disziplin bietet vor allem der Sammelband: *Helmuth Schulze-Fielitz* (Hrsg.), Staatsrechtslehre als Wissenschaft. Die Verwaltung, Beiheft 7, 2007.

ist vielmehr, was eigentlich als *staatsrechtswissenschaftliches Wissen* angesehen werden kann und wonach sich der *Wert dieses Wissens* bestimmt.[10] Die Naturwissenschaften können die Position vertreten, dass jeder neue Beitrag zur Welterkenntnis – sei er groß, sei er klein – immer einen inhärenten Wert hat. Gilt dies auch für jede Aussage staatsrechtlicher Natur – ungeachtet ihrer praktischen Relevanz und Anschlussfähigkeit? Dass die disziplinäre Effektivität nicht einfach in der Zahl der veröffentlichten Bücher oder sonstigen Beiträge zu suchen ist, dürfte selbstverständlich sein: Die Disziplin kann sich nicht mit einem rein quantitativen Maßstab zufriedengeben. Womit aber dann? Ebenso stellt sich die Herausforderung, zu definieren, worin der *Erfolg der Disziplin* als *wissenschaftlicher Institution* zu suchen ist. In den Naturwissenschaften kann der Erfolgsmaßstab an der Eignung einer Aussage anknüpfen, die Wirkungen einer Handlung, einer Praktik oder eines Zustands besser prognostizierbar oder im Nachhinein nachvollziehbar zu machen (empirischer Erfolg). Der Erfolg staatsrechtlicher Wissensproduktion lässt sich bekanntlich sehr viel schwieriger messen: Kommt es auf den „impact" im Bereich von Politik, Verwaltung und (Verfassungs-)Rechtsprechung an? Ist es schon als Erfolg zu betrachten, wenn eine Aussage oder Auffassung durch die Rechtsprechung übernommen oder in einer Gerichtsentscheidung zitiert wird? So schwierig hier die Suche nach Antworten ist:

[10] Allgemein: *Duncan Pritchard/John Turri/J. Adam Carter*, The Value of Knowledge, Stanford Encyclopedia of Philosophy, August 2007/Revision June 2022; *Campbell Brown*, The Utility of Knowledge, Erkenntnis 77 (2012), S. 155.

Nur wenn auf diese Fragen gehaltvolle Antworten entwickelt werden, lässt sich sinnvoll darüber sprechen, in welchen Bereichen der Staatsrechtswissenschaft Bewahrung angezeigt ist und wo über Veränderungen nachgedacht werden muss.

2. *Wider ein individual-epistemologisches Wissenschaftsverständnis*

Die vorstehenden Bemerkungen stehen im Widerspruch zu den bis heute zu beobachtenden Bemühungen, die (Staats-)Rechtswissenschaft über ein wissenschaftstheoretisches Grundverständnis zu definieren, das auf einer individualistischen (oder auch atomistischen) Epistemologie aufbaut. Für (staats-)rechtswissenschaftliche Arbeit ist es nach diesem Verständnis notwendig *und* hinreichend, dass sich ein Individuum auf die Suche nach Wahrheit im Recht macht. Anders ausgedrückt: Die Wissenschaftlichkeit staatsrechtlicher Arbeit wird dadurch konstituiert, dass sich das forschende Individuum um die Formulierung richtiger Aussagen auf dem Forschungsfeld bemüht hat. Häufig scheint man der Auffassung zu sein, dass das Bemühen bereits ausreicht, um von Wissenschaft zu sprechen. Wenn diese Wahrheitssuche methodengerecht erfolgt, soll dies ein wissenschaftliches Forschen darstellen. Wenn demgegenüber die „richtige" Methode nicht beherrscht oder nicht richtig angewandt wird, soll es an Wissenschaftlichkeit fehlen. Dem liegt eine Epistemologie zugrunde, die auf den individuellen Menschen und seine Bemühungen um (ernsthafte) Wahrheitssuche abstellt. Für institutionelle und kommunikative Zusammenhänge hat diese Konzeption, die Wissenschaftlichkeit letztlich atomistisch begreift, keinen Sinn. Zudem liegt dem ein Wissenschaftsverständnis zugrunde, das nicht auf den Erfolg (Produktion wissenschaftlichen Wissens), sondern auf die Handlung (Suche nach Wahrheit) schaut. Das soziale Feld der wissenschaftlichen Bearbeitung des Verfassungsrechts wird danach aus einer Vielzahl von Einzelbeiträgen konstituiert, die je für sich methodengerecht erarbeitet und in den öffentlichen Raum gestellt worden sind.[11] Kommunikation und Austausch, Kritik und Kontrolle sind irrelevant. Wissenschaftliche Erkenntnis hängt nach diesem Verständnis auch nicht davon ab, dass sie in der „community" validiert worden ist. Sie entsteht vielmehr in dem Moment, in dem die Person im Prozess der methodengerechten Wahrheitssuche zu einer Erkenntnis gekommen ist, gegebenenfalls also in stiller Abgeschiedenheit und ohne jeden Versuch, das Gefundene auch der (Fach-)Öffentlichkeit zugänglich zu machen. Wissenschaft kann, um es zuzuspitzen, auch vom Schiffbrüchigen auf einer einsamen Insel betrieben werden, solange nur die jeweils „richtigen" Methoden beachtet werden. Es ist allerdings paradox, dass dieser Ansatz bei der Beantwortung der Frage, was die „richtige" Methode ist, dann doch darauf angewiesen ist, die Standards der wissenschaftlichen „community" in den Blick zu nehmen.

---

[11] Vgl. zu diesem Verständnis von Gegenstand und Methode etwa: *Oliver Lepsius*, Erkenntnisgegenstand und Erkenntnisverfahren in den Geisteswissenschaften der Weimarer Republik, Ius Commune XXII (1995), S. 283.

3. *Wissenschaftliche Wissensproduktion und Umfeld*

Wenn wissenschaftliche Wissensproduktion als Praxis zu begreifen ist, in der kognitiv-epistemische und soziale Elemente zusammenkommen (müssen), hat dies nicht nur Implikationen für die Verhältnisse innerhalb der Disziplin. Wer sich wissenschaftlicher Wissensproduktion mit diesem Verständnis nähert, kann der Beobachtung, dass eine Disziplin nicht in hermetischer Abgeschottetheit operiert, sondern vielfältigen Einwirkungen „von außen" ausgesetzt ist, mit kritischer Gelassenheit begegnen. Auch die Staatsrechtswissenschaft ist offenkundig derartigen Einwirkungen ausgesetzt. Damit spreche ich nicht den Umstand an, dass sich ihr Forschungsgegenstand und -feld durch die Schaffung neuer Gesetze, den Erlass von Verwaltungsentscheidungen oder die fortlaufende Produktion neuer Gerichtsentscheidungen beständig ändert. Es geht vielmehr darum, dass Organisationsentscheidungen auf Ebene des Staats oder der Universität die Entwicklung der Disziplin und die dortige Wissensproduktion nicht unberührt lassen. Angesprochen ist auch der Umstand, dass von Forschungsförderinstitutionen durch die Formulierung von Förderprogrammen (weicher) lenkender Einfluss auf die in der „community" verfolgten Forschungsvorhaben genommen wird.[12] Von Relevanz ist ferner, dass von außen „Belohnungen" ausgesprochen werden – etwa durch die Verleihung von wissenschaft-

[12] Die Schwierigkeiten der Wissenschaftsorganisationen, juristische Projekte zu bewerten, dürften nicht zuletzt darauf zurückzuführen sein, dass keine operablen Maßstäbe bereitstehen, um einen objektivierbaren Wert von rechtswissenschaftlichem Wissen zu ermitteln.

lichen Auszeichnungen oder die Zitierung von Beiträgen durch die staatlichen Gerichte. Weitere Beispiele der Einwirkung von außen lassen sich unschwer aufzeigen.

Für ein Wissenschaftsverständnis, das Wissenschaft als soziale Praxis begreift, sind derartige Einwirkungen nicht zwingend als „Störung“ anzusehen, die den wissenschaftlichen Prozess der Generierung von Wissen in seinem epistemisch oder funktional vorgezeichneten richtigen Lauf behindern. Nur ein vollständig verkürztes Wissenschaftsverständnis würde pauschal behaupten, dass diese Einwirkungen immer und durchgängig bedenklich stimmen müssten, weil sie die eigentliche Aufgabe – die konzentrierte und tiefe, allein aus dem forschenden Individuum von innen heraus bestimmte Suche nach juristischer Wahrheit – störten.[13] Das liegt nicht zuletzt daran, dass viele Entscheidungen der Wissenschaftlerin nicht interessen- und wertfrei getroffen werden können. Nutzenerwägungen sind wissenschaftlicher Forschung inhärent. Es bedarf daher genauerer Differenzierung, auf welcher Ebene des wissenschaftlichen Prozesses die Einwirkung erfolgt,[14] welcher Art sie ist, welche Zwecke damit verfolgt werden und zu welchem Verhalten sie führt. Staatliche Entscheidungen, die die Einrichtung (oder auch den

[13] Eine kritische Auseinandersetzung mit den von außen herangetragenen Erwartungen ist natürlich angezeigt. Vgl. etwa *Christian Hillgruber*, Mehr Rechtswissenschaft wagen!, Juristenzeitung 68 (2013), S. 700 (zu Forderungen des Wissenschaftsrats).

[14] Soweit es um die Wissensproduktion durch die individuelle Wissenschaftlerin geht, können unterschieden werden: Wahl des Forschungsfelds, Entwicklung einer Forschungsfrage oder einer Hypothese, Durchführung des Forschungsprogramms, Veröffentlichung der Ergebnisse.

Abbau) staatsrechtlicher Forschungskapazitäten (Stellen, Sachmittel etc.) auf einem spezifischen Feld vorsehen, sind diesbezüglich anders zu bewerten als der „Kauf" eines als wissenschaftliche Arbeit verbrämten Parteigutachtens zur Vorlage in einem Prozess. Kennerinnen und Kenner wissen, dass es hier eine Vielzahl von Zwischenformen gibt. Die Standards, die eine Disziplin entwickeln muss, um derartige Einwirkungen bewerten (und gegebenenfalls auch abwehren) zu können, sind nicht wissenschaftstheoretischer Art. Sie sind auch nicht epistemischer Natur. Es kommt vielmehr wesentlich darauf an, ob die Einwirkung die Qualität – und damit den Status – des in der Disziplin produzierten Wissens beeinträchtigt. Es geht also um funktional hergeleitete Standards.[15]

II. Das Wesen staatsrechtlichen Wissens

Es ist offenkundig nicht sinnvoll, über die Disziplin der Staatsrechtswissenschaft zu sprechen, ohne zu klären, was eigentlich staatsrechtliches Wissen ist. Im Folgenden soll es zunächst um die Beschreibung der Standards gehen, nach denen sich bemisst, wann eine Aussage als von der Staatsrechtswissenschaft anerkanntes Wissen zu gelten hat.

[15] Die Beschäftigung mit den Funktionen und Interessen einer Disziplin ist daher notwendig (hierzu etwa: *Christoph Engel/Wolfgang Schön* (Hrsg.), Das Proprium der Rechtswissenschaft, 2007; *Matthias Jestaedt*, Wissenschaft im Recht, Juristenzeitung 69 (2014), 1; *Eric Hilgendorf/Helmuth Schulze-Fielitz* (Hrsg.), Selbstreflexion der Rechtswissenschaft, 2015; mit Blick auf das Verfassungsrecht: *Thomas Vesting/Stefan Korioth* (Hrsg.), Der Eigenwert des Verfassungsrechts, 2011).

1. *Kriterien und inhaltliche Maßstäbe*

a) Standards der wissenschaftlichen „community"

Es ist eine alte Erkenntnis, dass die Entscheidung, ob einem Handlungszusammenhang, in dem Wissen produziert wird, das Attribut der Wissenschaftlichkeit zugesprochen wird, von einer Vielzahl von Faktoren abhängt, die selbst nicht wissenschaftlicher oder kognitiv-epistemischer Art sind. Um das an einem Beispiel zu illustrieren: Wir sprechen mit Blick auf die Theologie oder die Rechtswissenschaft von wissenschaftlichem Wissen, nicht aber für die Astrologie. Die Standards der Wissenschaftlichkeit der Wissensproduktion werden grundsätzlich von der einschlägigen Fachgemeinschaft definiert. Die Fachgemeinschaft agiert dabei in Orientierungs- und Sinnkontexten, die vom allgemeinen Wissenschaftssystem und von der (Mehrheits-)Gesellschaft vorformuliert werden. Bestimmte Mindestanforderungen dürfen jedenfalls nicht unterschritten werden, um die Anschlussfähigkeit (Stichwort: Einheit der Wissenschaft) nicht zu verlieren: Konsistenz und Widerspruchsfreiheit, Kohärenz und Mindestklarheit, Vereinbarkeit mit den Sätzen anderer Wissenschaften etc. Nicht jede Fachgemeinschaft, die sich selbst Wissenschaftlichkeit zuschreibt, wird vor diesem Hintergrund Gehör und Akzeptanz finden können. Jenseits dieser Mindestanforderungen obliegt es dann aber der individuellen Disziplin, Praktiken zu entwickeln, in denen sich die disziplinprägenden Standards der Wissensproduktion ausdrücken. Ob eine Aussage, die die äußere Welt beschreibt, als wahr angesehen werden kann, beurteilt sich nach anderen wissenschaftlichen Maßstäben, als wenn es um die Begründung einer analytischen oder normativen kultur- oder sozialwissenschaftlichen Aussage geht. Eine abstrakt-substanzielle Definition von wissenschaftlichem Wissen gibt es nicht, und ebenso wenig die *eine* wissenschaftliche Methode, deren Anwendung zur Produktion wissenschaftlichen Wissens führt. Man kommt nicht umhin, die Standards der spezifischen Disziplin zu analysieren und normativ zu kritisieren.

Das gilt auch für die institutionalisierte wissenschaftliche Produktion von staatsrechtlichem Wissen. Die inhaltlichen Maßstäbe, nach denen sich bestimmt, wie staatsrechtliches Wissen produziert wird, werden von der „community" formuliert. Diese Maßstäbe legen nicht nur fest, welcher Art ihre Auffassungen und ihre Rechtfertigung sein müssen, um in die wissenschaftliche „community" hineingetragen werden zu können. Sie bestimmen auch, wann eine konkrete Aussage und Überzeugung für die „community" als *wissenschaftlich begründet* anzusehen ist. Was die Präzision der Formulierung einer konkreten Forschungsfrage, die Definition des Forschungsprogramms, die Durchführung des Programms und die Verbreitung der Ergebnisse angeht: Die Standards der Naturwissenschaften und mancher der modernen (empirisch forschenden) Sozialwissenschaften erreicht die staatsrechtswissenschaftliche Arbeit häufig nicht.[16]

[16] Die Aussagen der Staatsrechtswissenschaft, um die es im Folgenden geht, beziehen sich immer auf einen bestimmten Kontext (deutsches Staatsrecht). Sie haben nicht den Anspruch, universalistisch zu sein. Der Umstand, dass unsere Aussagen historisch und soziokulturell „konditioniert" sind, betrifft die Genese dieser Aussagen; es führt aber nicht dazu, dass sie ihrer Natur nach nicht wahrheitsfähig oder „richtig" sein können.

Im Vergleich zu den heutigen Standards empirisch arbeitender Sozialwissenschaften scheint die Staatsrechtswissenschaft bei der Arbeit am geltenden Recht eher lockere Standards zu haben.

b) Methodischer Monismus?

Bis heute lassen sich Bemühungen beobachten, die Entscheidung, ob eine Aussage (staats-)rechtswissenschaftliches Wissen ist, von der Wahl der Methode abhängig zu machen, mit der diese Aussage zutage gefördert worden ist. Wie bereits dargestellt wurde, hat diese Methodenzentriertheit ihre Ursache darin, dass das (staats-)rechtliche Wissenschaftsverständnis weiterhin einem individual-epistemologischen Ansatz verpflichtet ist: Wenn Wissensproduktion wirklich vom heroischen Individuum im einsamen Streben nach Wahrheit betrieben wird, kann nur die Methode als Kriterium für die Unterscheidung von Wissen, Pseudo-Wissen und Nicht- bzw. Noch-nicht-Wissen dienen. Für Anhänger dieser Sichtweise muss die „juristische Methode" als Prüfstein und Maßstab dienen, um (staats-)rechtswissenschaftliche Wissensproduktion von anderen Tätigkeiten zu unterscheiden. Die Bemühungen, das „Proprium" der (Staatsrechts-)Wissenschaft über die verwandte Methode zu definieren,[17] sind allerdings nicht zu wirklich befriedigenden Ergebnissen gekommen. Die Vielfalt der in der Disziplin anerkannten Fragestellungen, Forschungsansätze und Erkenntnisinteressen, die

[17] Die Vielfalt der diesbezüglichen Perspektiven werden bei der Lektüre von *Christoph Engel / Wolfgang Schön* (Hrsg.), Das Proprium der Rechtswissenschaft, 2007, deutlich.

etwa von historischen oder ideengeschichtlichen, philosophischen, soziologischen, kulturwissenschaftlichen oder rechtsökonomischen Orientierungen geprägt sein können, lassen es schlechterdings nicht zu, eine spezifische Methode als die für die Staatsrechtswissenschaft wesenskonstituierende Methode zu bezeichnen. In jenen Teildisziplinen wie der Staatsrechts- und Verfassungsgeschichte, der wissenschaftlichen Staatsrechtssoziologie oder der Rechtsvergleichung, die ausschließlich oder vorrangig empirische Aussagen über das Recht zum Gegenstand haben, gelten schon grundsätzlich andere Standards als für die wissenschaftlich betriebene Dogmatik.[18] Für „Law and"-Disziplinen stellen sich besonders schwierige Herausforderungen. Methodenpluralismus ist eine allgemeine Erscheinung der modernen Wissenschaftsentwicklung geworden.

Natürlich wäre es wissenschaftspolitisch oder wissenschaftstheoretisch denkbar, den Anspruch zu erheben, dass nur *eine* spezifische Methode der Staatsrechtswissenschaft als die wesenscharakterisierende „richtige" Methode dienen könne. Es erscheint aber schon zweifelhaft, ob sich eine spezifische Methode hinreichend genau beschreiben ließe, damit sie die notwendige Abgrenzungsleistung erbringen kann. Auch eine sogenannte „juristische Methode" kann diesen Status nicht einnehmen: Die methodisch geleitete Falllösung am Maßstab des positiven Rechts ist ein wichtiges Forschungsfeld der Staatsrechtswissenschaft, heute aber sicherlich nicht mehr das do-

[18] Vgl. etwa *Oliver Lepsius*, Kritik der Dogmatik, in: Gregor Kirchhof/Stefan Magen/Karsten Schneider (Hrsg.), Was weiß Dogmatik? 2012, S. 39.

minierende. Für die Anwendung dieser „juristischen Methode“ haben die Staatsrechtswissenschaftler auch keine spezifische Kompetenz – kluge Richterinnen und Verwaltungsbeamtinnen können das genauso gut. Wenn man die Berichte studiert, die im Rahmen der Vereinigung der Deutschen Staatsrechtslehrer vorgetragen werden, wird dies handgreiflich: Wann wurde dort das letzte Mal eine Verfassungs- oder Gesetzesbestimmung „de lege artis“ nach den Kanones der Auslegung analysiert und das so gefundene Ergebnis zu einem den Bericht prägenden Forschungsergebnis erklärt? Die gleiche Feststellung wird man treffen, wenn man die wissenschaftlichen Aufsätze studiert, die auf dem Feld des Staatsrechts in hervorragenden juristischen Zeitschriften wie der Juristenzeitung, des Archivs des öffentlichen Rechts oder der Zeitschrift *Der Staat* veröffentlicht werden. Zudem stellt sich die Frage nach der Zweckmäßigkeit von Ab- und Ausgrenzungsbemühungen, die darauf hinauslaufen, dass ein erheblicher Anteil der Mitglieder der „community“ nicht mehr dazugehören würden – obgleich sie den Fachgesellschaften angehören, häufig mit hohem Renommée auf den Veranstaltungen dieser Fachgesellschaften referieren und in den etablierten Publikationsorganen wissenschaftlich veröffentlichen.

Letztlich sollte sich die Staatsrechtswissenschaft der in anderen Disziplinen schon längst verbreiteten Einsicht öffnen, dass nur ein pluralistisches Methodenverständnis den Gegebenheiten in den Kultur-, Sozial- und Normwissenschaften gerecht wird. Der Anspruch, eine bestimmte Methode für die allein maßgebliche zu erachten, wird der Eigenart dieses Forschungsfelds nicht gerecht. Der Bestand des in einer Disziplin kollektiv geteilten wissenschaftlichen Wissens[19] lässt sich nicht über Methodenanalysen ermitteln, und schon gar nicht, indem man eine Methode als die einzig richtige oder maßgebliche ansieht.

Die Anerkennung eines methodischen Pluralismus zwingt im Übrigen zur Schlussfolgerung, dass die Gleichzeitigkeit verschiedener – auch voneinander abweichender oder sich widersprechender – Aussagen zu einem konkreten Forschungsgegenstand keine Pathologie ist, die überkommen werden müsste, sondern eine der Disziplin angemessene Erscheinung. Das Rechtssystem trägt nicht die Erwartung in sich, dass es in nur einer Weise repräsentiert wird. Inkongruenz ist vorgesehen. Differenz muss als Ressource angesehen werden, die den soziokulturellen und politischen Wert der staatsrechtswissenschaftlichen Disziplin stärkt. Das bedeutet nicht, dass alles möglich ist. Auf die Notwendigkeit, die allgemeinen Rationalitätsstandards der Rechtfertigung von Aussagen einzuhalten, wurde bereits hingewiesen – hiervon geht ein erheblicher Einschränkungseffekt aus. Im Übrigen kommt es darauf an, ob die in die „community" eingebrachte (gerechtfertigte) Aussage nach dem Nutzenkalkül der Disziplin einen Wert hat. Es ist die Art und der Gegenstand des generierten Wissens, der die Wahl der Methode rechtfertigt – und nicht umgekehrt.

---

[19] Natürlich hat eine Wissenschaftsdisziplin als solche kein Bewusstsein und keine Zwecke. Das schließt es aber nicht aus, sie als Institution zu beschreiben, die (vor dem Hintergrund der Handlungen und Entscheidungen ihrer Mitglieder) selbst doxastische Entscheidungen getroffen hat (*Philip Pettit*, Groups with Minds of the Own, in: Frederick Schmitt (Hrsg.), Socializing Metaphysics, 2004, S. 167).

Diese Anerkennung von Methodenvielfalt wirft für die Staatsrechtswissenschaft allerdings eine Schwierigkeit auf: Wenn alles möglich ist, was eine wertvolle Einsicht zum Staatsrecht produziert, besteht die Gefahr, dass sich die Staatsrechtswissenschaft zu einer Disziplin entwickelt, deren Mitglieder allein dadurch verbunden sind, dass sie klug und erkenntnisstiftend über den Staat und sein Recht nachdenken und schreiben. Die Disziplin sollte diese Gefahr ernst nehmen.

c) Staatsrechtlicher Wissensbestand

Wer Wissenschaft als ein soziales Geschehen begreift, wird von der Entstehung von staatsrechtswissenschaftlichem Wissen nicht schon sprechen, wenn die Wissenschaftlerin am Arbeitsplatz einen Text schreibt und im Computer abspeichert. Man kann hier grundrechtlich von Forschung im Sinne von Art. 5 Abs. 3 GG sprechen – in der Tat sollten diese Vorgänge grundrechtlichen Schutz genießen. Davon zu unterscheiden ist die Frage, wann eine von einer Forscherin entwickelte Aussage als wissenschaftliches Wissen angesehen werden kann. Reichen die Präsentation der Aussage in einem Fachvortrag oder die Veröffentlichung in einer Fachzeitschrift aus oder muss die Aussage von anderen aufgegriffen worden sein? Manche Wissenschaftstheoretiker würden möglicherweise die Auffassung vertreten, dass die Veröffentlichung eines Aufsatzes, der nicht erkennbar rezipiert wird (etwa durch Zitate), den Bestand staatsrechtlichen Wissens nicht erhöht. Ähnliche Fragen stellen sich dann mit Blick auf Meinungsverschiedenheiten in der „community“: Wie ist in Situationen zu verfahren, in denen die individuelle Beurteilung der

Richtigkeit einer Auffassung durch die Mitglieder der „community" auseinanderfällt? Welche „Minderheitsaussagen" werden im System ernst genommen, welche erscheinen so isoliert oder auch schlecht begründet, dass sie nicht als wissenschaftliche Aussage (oder, anders formuliert, als wissenschaftliches „Wissen") angesehen werden?[20]

Der verfügbare Raum reicht nicht aus, derartigen Fragen weiter nachzugehen. Praktische Gründe sprechen dafür, den Bestand des in der Staatsrechtswissenschaft zu einem bestimmten Zeitpunkt kollektiv geteilten wissenschaftlichen Wissens durch das Merkmal der Wiedergabe in einer von der Disziplin anerkannten Publikation zu ermitteln. Mündliche Wissensüberlieferung ist der Staatsrechtswissenschaft grundsätzlich fremd. Die Formen der Wissensverwaltung (Kommentare, Lehrbücher, Fachzeitschriften etc.) unterscheiden sich nicht wesentlich von jenen anderer rechtswissenschaftlicher (Teil-)Disziplinen, wohl aber erheblich von den Formen nicht-rechtswissenschaftlicher Fächer. Ich werde an späterer Stelle darauf eingehen, dass Aussagen von der „community" validiert werden müssen, um als staatsrechtswissenschaftliches Wissen zu gelten.[21]

---

[20] *Gertrude Lübbe-Wolff*, Expropriation der Jurisprudenz?, in: Christoph Engel/Wolfgang Schön (Hrsg.), Das Proprium der Rechtswissenschaft, 2007, S. 282 (289 f.: Hinweis auf die Herausbildung einer besonderen praktischen Klugheit erfahrener Juristen, deren Wissen zwar konkret sozialwissenschaftlich getestet werden könne, das aber in der Gesamtbreite – in der gebotenen Kürze und ohne großen Aufwand – nur erfahrenen und klugen Juristen zur Verfügung stehe).

[21] Siehe unter V. 1.

2. *Kennzeichen staatsrechtswissenschaftlichen Wissens*

Staatsrechtswissenschaft ist nicht nur, ja noch nicht einmal vorwiegend, ein hermeneutisches Projekt. Sie kann sich nicht darauf beschränken, Vorfindliches verstehen zu wollen. In einer Zeit, in der sich die Politik des Rechts als eines Instruments der funktionalistischen Steuerung bedient, muss die Staatsrechtswissenschaft funktional mitgehen. Das Recht sieht sich gezwungen, eine spezifische Form der gesellschaftlichen Modernisierung nachzuvollziehen.[22] Aber was bedeutet dies für die staatsrechtswissenschaftliche Wissensproduktion? Die Aufgabe der Disziplin ist es nicht mehr vorrangig, auf die Etablierung einer normativen Ordnung hinzuwirken, die der Idee nach dauerhaft und unveränderlich ist. Die Disziplin muss sich vor allem fragen, wie der jeweils nächste kleine Schritt im Prozess der Steuerung der Welt als Reaktion auf Probleme und Krisen oder zur Umsetzung einer konkreten politischen Programmatik oder spezifischer Ziele aussehen könnte. Die Staatsrechtswissenschaft sieht sich damit Orientierungsmustern gegenübergestellt, die sich deutlich von jenen unterscheiden, die vor hundert oder zweihundert Jahren dominant waren.[23] War es damals die Geschichte, die den wesentlichen Bezugspunkt bildete, sind es heute sozialwissenschaftliche Techniken der gesellschaftlichen Steuerung.

---

[22] Vgl. *Rudolf von Jhering*, Der Zweck im Recht, in: ders., Der Geist des Rechts. Eine Auswahl aus seinen Schriften, 1965, S. 251 ff.

[23] Vgl. *Gertrude Lübbe-Wolff*, Expropriation der Jurisprudenz?, in: Christoph Engel / Wolfgang Schön (Hrsg.), Das Proprium der Rechtswissenschaft, 2007, S. 282 (285 ff.).

Inhaltlich umfasst das staatsrechtswissenschaftliche Wissen jedenfalls alle (gerechtfertigten wahren) Aussagen, die einen Bezug zum positiven Staatsrecht der Bundesrepublik Deutschland[24] aufweisen. Derartige Aussagen können sich auf die Auslegung und Konkretisierung der Bestimmungen des Grundgesetzes und andere öffentlich-rechtlichen Bestimmungen beziehen; sie können auch Sinnsysteme und Orientierungsmuster thematisieren, die hinter den positiven Bestimmungen stehen und für deren Anwendung fruchtbar gemacht werden können. Es kann auch darum gehen, Verstehensprozesse und Handlungsentscheidungen, in denen „Staatsrecht" relevant ist, unter Rückgriff auf historisches Wissen, rechtsvergleichende Einsichten, soziokulturelle, ökonomische oder sonstige Informationen zu befruchten. Staatsrechtliches Wissen kann die Beschreibung, die verständnisbildende Analyse oder die normative Präskription zum Gegenstand haben. Wo genau die Grenzen liegen, ist eine Frage disziplinärer Konvention. Manches, was noch vor 50 Jahren als wissenschaftlich „irrelevant" oder gar als „unwissenschaftlich" bezeichnet worden wäre (ich erinnere an methodische Kämpfe in den 1970er Jahren), hat heute einen festen Platz in der staatsrechtswissenschaftlichen Disziplin.

Im Kern befasst sich die Staatsrechtswissenschaft – so jedenfalls mein Eindruck – mit Handlungswissen. Es geht um Aussagen darüber, wie in konkreten Konflikt- oder Streitfällen im Lichte der jeweiligen Vorgaben des Staatsrechts vonseiten des Staates gehandelt werden sollte.

---

[24] Der Begriff steht hier für den Gesamtbestand des Staats- und Verwaltungsrechts, schließt aber das Europarecht und das Völkerrecht mit ein.

Die Rollen des Rechtsanwenders und der Rechtswissenschaftlerin verschwimmen in diesen Fällen. Ziel ist dann die handlungspraktische Anleitung des Rechtsanwenders, aber auch des Gesetzgebers am Maßstab des Staatsrechts. Derartige Aussagen können konkret mit Blick auf eine spezifische Problemlage formuliert werden und in konkrete handlungspraktische Aussagen münden.[25] Sie können auch auf einer höheren Stufe in Form allgemeinerer „dogmatischer" Begriffs- und Systembildungen, Prinzipienbildungen und Regelkonstruktionen erfolgen. Die „Wahrheit" derartiger Aussagen lässt sich damit schon im Ansatz nicht mit korrespondenztheoretischen Kriterien beurteilen. Ob eine in das System der Staatsrechtswissenschaft eingebrachte Aussage als „wahr" angesehen werden sollte, hängt vielmehr davon ab, wie sie sich zu den sozialen Tatsachen verhält, die im jeweiligen Bezugsfeld Relevanz haben (relevante „Rechtstatsachen"). Auf dieser Ebene kommen die Sätze einer juristischen Begründungslehre[26] oder einer „Methodenlehre"[27] ins

---

[25] Es ist eine offene Frage, ob man als wissenschaftliche Aussagen in der Staatsrechtswissenschaft nur generelle oder generalisierbare Aussagen ansehen will oder ob man auch Aussagen zu einem spezifischen Fall als wissenschaftlich anerkennt. Üblicherweise wird Wissenschaft mit Generalität verbunden. Wer also nach langen Studien (in einem Gutachten oder in einem Aufsatz) nicht mehr leistet als Aussagen über die juristische Behandlung eines einzelnen Falls zu machen, würde danach kein wissenschaftliches Wissen produzieren. Besondere Relevanz hat die Frage allerdings nicht: Regelmäßig wird die Formulierung generalisierbarer Aussagen (Art. X des Grundgesetzes ist so zu verstehen) mit der Subsumtion des konkreten Falls verbunden sein.

[26] *Hans-Joachim Koch / Helmut Rüßmann*, Juristische Begründungslehre, 1982.

[27] *Karl Larenz / Claus-Wilhelm Canaris*, Methodenlehre der Rechts-

Spiel. Wer die Auffassung vertritt, dass der Verfassung eine bestimmte handlungspraktische Aussage zu entnehmen ist, muss sich nicht nur mit dem Wortlaut der in Anspruch genommenen Verfassungsbestimmung befassen, sondern auch mit deren Zwecken. Präjudizien und andere Materialien müssen ebenso berücksichtigt werden wie Folgen. Das bisherige Verständnis in der Disziplin muss zur Kenntnis genommen und in Rechnung gestellt werden. Das muss hier nicht weiter ausgeführt werden. In den Reflexionsprozessen spielen somit Problem- und Fallanalogien, Gedankenexperimente, Modelle der Wirklichkeitsdeutung und soziokulturelle, insbesondere ideelle Prägungen wohl eine größere Rolle, als dies in den überkommenen „Methodenlehren" anerkannt wird. Auf der anderen Seite ist klar, dass natürliche Sinne, Beobachtungsfähigkeit oder Logik nicht die gleiche Rolle spielen wie in den Naturwissenschaften. Bei der Formulierung juristischer Aussagen im hier interessierenden Sinn kommen aber immer auch soziale Tatsachen ins Spiel – es ist schlechterdings undenkbar, dass diese Aussagen ohne Bezug in die Realwelt gerechtfertigt werden können. Die Dominanz handlungspraktischer Forschung sollte der Vorstellung ein Ende bereiten, dass Staatsrechtswissenschaft ein hermeneutisches Projekt ist, das vor allem auf „Verstehen" aus ist.

Auf einer anderen Ebene bewegt sich staatsrechtswissenschaftliche Forschung, der es um die Erarbeitung von Orientierungswissen geht. Dieses Wissen wird regelmäßig mit der Absicht generiert, das Verständnis staatlicher und gesellschaftlicher Akteure von Verfassung und

---

wissenschaft, 3. Aufl. 1999; *Thomas M. J. Möllers*, Juristische Methodenlehre, 5. Aufl. 2023.

Staatsrecht zu befruchten. Bei der Erarbeitung dieses Orientierungswissens sind disziplinäre Grenzüberschreitungen notwendig. Die hier arbeitenden Staatsrechtswissenschaftlerinnen kommen nicht umhin, auf Feldern zu arbeiten, die auch von Wissenschaftsdisziplinen wie der Geschichte, der Soziologie, der Ökonomie oder der politischen Wissenschaften bearbeitet werden. Der Grad der diesbezüglichen Institutionalisierung ist im deutschen Staatsrecht bislang gering. Sieht man von der geschichtlich arbeitenden Staatsrechtswissenschaft einmal ab, gibt es institutionalisierte Formen des „Law and ..." bislang kaum. Die wissenschaftliche Verwaltungslehre sticht hier wohl heraus.

3. Statusunterschiede staatsrechtswissenschaftlichen Wissens

Die Staatsrechtswissenschaft schreibt den in den wissenschaftlichen Diskurs eingebrachten Aussagen „Wahrheitswerte" zu. Auch wenn eine Aussage von der Disziplin als gerechtfertigt ansehen wird („property" einer Aussage als Wissen), wird im Status weiter differenziert: Es ist eine gängige Erscheinung, dass die eingebrachten Aussagen durch Einordnung in Kategorien wie „überzeugend", „gut vertretbar", „vertretbar" oder „noch haltbar" gekennzeichnet werden. Die Produktion rechtswissenschaftlichen Wissens bewegt sich damit in einem Raum, in dem es Kategorien gibt, die so in der Naturwissenschaft keine Rolle spielen.[28] Für die wissenschaftstheoretische Auf-

---

[28] Dort kann nach der Wahrscheinlichkeit der Wahrheit von Aussagen unterschieden werden.

arbeitung der Praktiken der Staatsrechtswissenschaft wäre es von besonderer Bedeutung, die Standards herauszuarbeiten, nach denen diese Einordnung erfolgt. Bislang ist es niemandem gelungen, die hierfür relevanten Maßstäbe in allgemeiner Weise zu beschreiben. Die Qualität einer Begründung spielt sicherlich eine Rolle, wohl auch der Status und das Renommée der argumentierenden Person. Das Staatsrecht der Bundesrepublik Deutschland kennt zwar keine Bestimmung, die Art. 38 IGH-Statut vergleichbar wäre: Dort werden „die Lehren der anerkanntesten Autoren der verschiedenen Völker“ als Hilfsmittel zur Feststellung völkerrechtlicher Rechtsnormen ausdrücklich anerkannt. Gleichwohl wissen aufmerksame Beobachter, dass Autorität und Renommée in der Praxis der Staatsrechtswissenschaft nicht ohne Bedeutung sind. Besondere Aufmerksamkeit verdient im Übrigen die Beobachtung, dass auch eine schlecht begründete (neu in das Wissenschaftssystem eingebrachte) Aussage sich „durchsetzen“ kann. Verwundern kann dies nur, wenn man die auf das Wissenschaftssystem einwirkenden äußeren Umstände außer Acht lässt – nicht zuletzt etwa den Umstand, ob sich die gerichtliche Entscheidungspraxis einer Auffassung „anschließt“ oder ob sich die Politik ihrer bedient. Die Relevanz äußerer Faktoren erklärt darüber hinaus, warum sich die Einordnung einer Aussage in das Schema der „Vertretbarkeit“ im Laufe der Zeit ändern kann. Um dies an einem Beispiel zu illustrieren: Übernimmt das Bundesverfassungsgericht eine Aussage, die zuvor als „vertretbar“ eingeordnet worden war, wird man ab diesem Moment von einer „überzeugenden“ Auffassung sprechen können.

Die Wissenschaftsdisziplinen, die sich der wissenschaftlichen Beschreibung der realen Welt widmen, sind darauf angewiesen, mit Wahrscheinlichkeitsschwellen zu operieren, ab denen bloße Behauptungen und Annahmen in wissenschaftliches „Vermutungswissen" umschlagen. Im Wissenschaftssystem des Staatsrechts spielen derartige Schwellen keine Rolle, jedenfalls soweit es um die Generierung von Handlungswissen geht.

Man wird daran festhalten müssen, dass sich in vielen Problemlagen unterschiedliche Auffassungen gut vertreten lassen – und die Staatsrechtswissenschaft davon profitiert, wenn sich ein weites „Meinungsspektrum" auftut. Wenn eine Position allerdings nicht von hinreichenden juridischen Gründen getragen wird, wenn die juridischen Argumente für die Gegenposition offenkundig besser sind oder wenn nicht-juridische Erwägungen die juridische Argumentation überlagern, dann liegt schlechte Rechtswissenschaft vor.

4. Akteure der staatsrechtswissenschaftlichen Wissensproduktion

Damit lassen sich auch Aussagen zu den Akteuren staatsrechtswissenschaftlicher Wissensproduktion formulieren. Zum Akteur wird man nicht, indem man irgendeine Methode besonders gut beherrscht. Insbesondere reicht es nicht aus, die „juristische Methode" auf dem Feld des Staatsrechts besonders gut zur Anwendung zu bringen. Das können, wie bereits gesagt, hohe Richterinnen und Verwaltungsbeamte so gut wie der durchschnittliche Wissenschaftler. Ebenso wenig wird man zum Akteur, indem man einen bestimmten institutionellen Status hat. Nicht das Amt des Professors an einer juristischen Fakultät macht eine Person zum Wissenschaftler. Es ist vielmehr die anerkannte Zugehörigkeit zur disziplinären „community", nach der sich entscheidet, ob man als Akteur wissenschaftlicher Wissensproduktion angesehen werden kann. Nur wer in die wissenschaftliche „community" der Staatsrechtswissenschaftler eingebunden ist, erfüllt im Hinblick auf die Merkmale der Kooperation und Kommunikation die disziplinären Voraussetzungen. Diese Anerkennung muss durch das Einbringen von Wissen in die „community" erworben werden; sie kann auch wieder verloren gehen, wenn die wissenschaftliche Produktivität schwindet und versiegt. Regelmäßig wird über Zugehörigkeitsfragen nicht formal entschieden, auch wenn die Mitgliedschaft in Fachvereinigungen ein Indiz für die Einschätzung der Disziplin ist. Wissenschaftliche „communities" sind in Fragen der Zugehörigkeit niemals scharf abgegrenzt; sie sind fluide und in beständiger Veränderung. Es gehört zu den Forschungsdesideraten, sich genauer mit der Frage zu befassen, wann ein Akteur, der staatsrechtliche Texte verfasst, als in die „community" aufgenommen angesehen wird. Übrigens zeigt sich, dass es ohne Weiteres möglich ist, die Funktion eines hohen Richteramtes auszuüben und gleichzeitig weiter als Forscherin zu gelten.

III. Funktionen der Staatsrechtswissenschaft

1. Formulierung neuer staatsrechtlicher Aussagen

Die Staatsrechtswissenschaft beschäftigt sich mit der Generierung und Verwaltung des die Disziplin konstituierenden Wissens. Es geht bei der „wissenschaftlichen

Bearbeitung" des Rechts immer um eine Doppelrolle: die Beobachtung und Beschreibung des Rechtsanwendungsgeschehens in den Institutionen der organisierten Staatlichkeit *und* um die Generierung neuen, für die Rechtsanwendung relevanten Wissens. Rechtswissenschaft ist von Rechtsanwendung institutionell zu unterscheiden. Erstere ist ein Akt sozialer Gestaltung, wirkt aber nicht unmittelbar auf die Rechtsverhältnisse ein. Die Institutionen der organisierten Staatlichkeit interpretieren das Staatsrecht in dem Sinne, dass auch Akteuren der Staatsrechtswissenschaft die Kompetenz zur Generierung neuer staatsrechtlicher Aussagen zugeschrieben wird. Zu den Wesensmerkmalen der modernen verpositivierten Rechtsordnungen gehört es, dass die Entscheidung darüber, ob ein Akteur Recht setzen kann (und seine Akte daher als Recht gelten), wiederum vom positiven Recht entschieden wird. Die Inanspruchnahme von Rechtserzeugungskompetenzen bedarf der Rückbindung in die Rechtsordnung. Kein Akteur besitzt aus sich selbst heraus die Fähigkeit, rechtliche Handlungen vorzunehmen. Es ist oben bereits festgestellt worden, dass sich im deutschen (Staats-)Recht keine Bestimmung findet, die Art. 38 IGH-Statut entspricht. Die staatsrechtliche Praxis legt gleichwohl die Schlussfolgerung nahe, dass das Staatsrecht rechtswissenschaftliche Akteure in den Prozess der Rechtserzeugung einbezieht.[29] Die von diesen Akteuren entwickelten Auffassungen sind nicht lediglich ein bloßer Referenzpunkt, auf den Bezug ge-

[29] Zweifelnd: *Matthias Jestaedt*, „Öffentliches Recht" als wissenschaftliche Disziplin, in: Christoph Engel / Wolfgang Schön (Hrsg.), Das Proprium der Rechtswissenschaft, 2007, S. 241 (273).

nommen werden kann, aber nicht muss. Insbesondere die Zitierpraxis des Bundesverfassungsgerichts und der obersten Bundesgerichte macht deutlich, dass den in der institutionalisierten (Staats-)Rechtswissenschaft entwickelten Aussagen eine autoritative und genuin rechtserzeugende rechtliche Qualität zugeschrieben wird. Dies gilt jedenfalls dann, wenn sich diese Gerichte einer in der „Literatur“ entwickelten Auffassung anschließen und diese unter Zitierung übernehmen.

In der Disziplin ist diese Funktion tief verinnerlicht. Beinahe alle Staatsrechtswissenschaftlerinnen und -wissenschaftler begreifen sich in einem (virtuellen) Gespräch mit den Staatsorganen und wollen deren Entscheidungen vorbereiten oder auf diese in kritischer Absicht einwirken. Dieses Selbstverständnis hat zur Folge, dass die Verwertbarkeit des generierten Wissens durch Gesetzgeber, Verwaltung und (Verfassungs-)Gerichtsbarkeit eine herausragende Stellung im Nutzenkalkül der Wissenschaftler hat. Wissenschaftliche Werke, die in keinerlei Bezug zu aktuellen, die Staatsorgane in der einen oder anderen Weise beschäftigenden Problemen erstellt werden, sind die große Ausnahme; sie sind am ehesten noch im Bereich der geschichtlich arbeitenden Staatsrechtswissenschaft zu beobachten. Die Formen, mit denen das Gespräch gesucht wird, sind unterschiedlich – sie reichen von der (eher seltenen) Vorlage von wissenschaftlich ausgearbeiteten Vorschlägen auf Ebene der Verfassungsgesetzgebung über die staatsrechtswissenschaftlich orientierte Einwirkung auf Gesetzgebungsverfahren bis hin zur Besprechung von Entscheidungen des Bundesverfassungsgerichts. Dieses Aufgabenverständnis verhindert politische und gesellschaftliche Diskussionen über den Nutzwert der Staatsrechtswissenschaft als Disziplin, wie sie kleinere Fächer gelegentlich erdulden müssen: Die Fähigkeit, die staatlichen Entscheidungs- und Handlungsprozesse aus Verfassungsperspektive konstruktiv oder kritisch begleiten zu können, sichert Relevanz. Natürlich positioniert sich jeder wissenschaftliche Akteur hier in spezifischer Weise. Das Interesse an nicht-dogmatischer Arbeit hat in den letzten Jahrzehnten offensichtlich zugenommen – Theorie, Rechtsökonomik, Empirie und andere Ansätze haben heute einen Zuspruch, der sich deutlich von der Situation vor 50 Jahren unterscheidet. Dahinter dürfte auch die Einsicht stehen, dass das Durchexerzieren der „juristischen Methode" nichts ist, womit sich die institutionelle Stellung als Wissenschaftlerin rechtfertigen lässt.

Die Institutionen der Rechtsanwendung haben ein Interesse, zu wissen, ob eine Auffassung von allen geteilt wird, ob es eine Mehrheits- oder Minderheitsauffassung ist, ob hinter der Auffassung vielleicht auch eine ganz isolierte Stimme steht. Eine Forschungslandschaft, in der verschiedene Autoren zum gleichen Problem schreiben, hat daher einen epistemischen (und rechtspolitischen) Wert. Die Staatsrechtswissenschaft hat dies in ihre Binnenorganisation und ihre Praktiken aufgenommen. Es ist nicht unüblich, dass zu einem bestimmten (neuen) Problem in kurzer Zeit eine Vielzahl von Beiträgen erscheint, in denen ein bestimmtes Meinungsspektrum erkennbar wird. Innovativität und Kreativität sind diesbezüglich nicht zwingend notwendig; Repräsentativität ist ein eigener Wert. Diese Funktion schlägt sich nicht zuletzt darin nieder, dass Wissenschaftler auch dann (ggf. hohe) Reputation erlangen können, wenn sie in ihren Auffassungen mit der Masse mitschwimmen, aber die Fähigkeit besitzen, zu einem Problem besonders informativ, prägnant oder elegant zu schreiben.

Die Rollen von Beobachter und Teilnehmer lassen sich bei den Akteuren der staatsrechtswissenschaftlichen Wissensproduktion damit nicht klar unterscheiden – auch wenn natürlich im konkreten Fall eher das eine oder andere Rollenverständnis erkennbar sein kann. Es ist eine offene Frage und bedürfte weiterer disziplinärer Klärung, ob sich die Akteure der Staatsrechtswissenschaft in diesem Punkt klarer positionieren sollten. Kürzlich ist eine grundsätzliche Differenzierung zwischen Praktiken der Rechtserkenntnis (analytische Darstellung des schon Bestehenden) und Praktiken der Rechtserzeugung (Schaffung von Neuem) mit jeweils unterschiedlichen „Programmierungen" vorgeschlagen worden.[30] Übersetzt man diese Differenzierung in wissenschaftstheoretische Kategorien, wäre stärker zwischen Forschungsvorhaben zu unterscheiden, die sich aus der Perspektive distanzierter und zurückgenommener Beobachtung der Beschreibung und Analyse bestimmter rechtlicher Phänomene widmen, und Vorhaben, die der Generierung neuen handlungspraktischen Wissens gewidmet sind. Das bedeutet natürlich nicht, dass im ersten Fall die Einnahme einer Positionierung im Nirgendwo möglich wäre, von der aus in Neutralität und Objektivität beobachtet werden könnte. Die epistemologischen Anforderungen an die Beschreibung der (staatsrechtlichen) Welt unterscheiden sich aber zweifellos von jenen, denen zu entsprechen ist, wenn ein Handlungsvorschlag gemacht wird.

---

[30] *Matthias Jestaedt*, „Öffentliches Recht" als wissenschaftliche Disziplin, in: Christoph Engel/Wolfgang Schön (Hrsg.), Das Proprium der Rechtswissenschaft, 2007, S. 241 (276).

2. *Verwaltung staatsrechtlichen Wissens*

Zu den wichtigsten Funktionen der institutionalisierten (Staats-)Rechtswissenschaft gehört zudem die Verwaltung des rechtswissenschaftlichen Wissens. Die „community" hat nicht nur zu klären, ob neu eingebrachte Aussagen als Wissen akzeptiert werden. Sie hat zudem sicherzustellen, dass das relevante Wissen verfügbar gemacht und erhalten bleibt. Für weite Teile der Staatsrechtswissenschaft hat die Aufgabe der Verwaltung des generierten staatsrechtlichen Wissens zu Recht eine herausragende Bedeutung. Dies gilt vor allem für die universitäre Rechtswissenschaft. In den kontinentalen Rechtsordnungen Europas übernahmen die Mitglieder der „Academia" seit der frühen Neuzeit die Aufgabe, den Bestand an rechtlichem Wissen zu sammeln, zu systematisieren, in Schriften öffentlich zugänglich zu machen und auch dem juristischen Nachwuchs zu vermitteln. Diese Verwaltungsfunktion wird vor allem in Kommentaren, darüber hinaus auch in großen Lehrbüchern oder Handbüchern wahrgenommen. Das (Verfassungs-)Recht wird auf diese Weise präsent gehalten und den anderen Akteuren des Rechtssystems, angefangen von der Richterschaft über die Anwälte bis hin zur Verwaltung, zugänglich gemacht. Dies erklärt, warum die Herausgabe eines weiteren Grundgesetzkommentars als wichtiger wissenschaftlicher Beitrag angesehen wird, selbst wenn die Kommentierungen inhaltlich keine wesentlichen Neuerungen bringen. Neuigkeit ist auf diesem Feld kein Qualitätskriterium, wohl aber die Eigenschaft, die Rechtslage in ihrer Vielfältigkeit und Dynamik sorgfältig beschreiben zu können.

IV. Die individuell-kognitive Dimension staatsrechtswissenschaftlicher Wissensproduktion

1. Soziale Dimension der individuellen Forschung

Wissenschaftliche Wissensproduktion ist nach dem Gesagten eine soziale Praxis, die von einer Disziplin betrieben wird. Der Unterschied zwischen der „community“ und ihren Mitgliedern wird dadurch natürlich nicht aufgehoben. Die Formulierung und Rechtfertigung der spezifischen Aussagen erfolgt regelmäßig nicht durch die „community“, sondern durch einzelne Mitglieder (bzw. von Gruppen von Mitgliedern). Es ist nicht unüblich, die Prozesse der Formulierung und Begründung von Aussagen durch die einzelnen Mitglieder ausschließlich unter epistemischen Gesichtspunkten der Wahrheitserkenntnis betrachten und bewerten zu wollen. Hier kommen dann Neutralitäts- und Distanzvorstellungen ins Spiel, mit denen sichergestellt werden soll, dass externe Klugheits- und Nützlichkeitserwägungen nicht ausgeschaltet werden. Letztlich sind dies wissenschaftstheoretisch aber irrige Vorstellungen vom Prozess der Erarbeitung von wissenschaftlichem Wissen. Eine Konsequenz der sozialen Natur wissenschaftlicher Wissensproduktion ist, dass auch die Formulierung und Rechtfertigung der spezifischen Aussagen eine soziale Dimension aufweist. Dies hat zur Folge, dass es sinnvoll ist, dass eine Disziplin Regeln formuliert und Maßnahmen ergreift, in denen sich die disziplinären Standards für die kognitive, ethische und praktische Dimension der Erarbeitung und Begründung der Aussagen niederschlagen. Derartiger disziplinärer Standards bedarf es, um sicherzustellen, dass die Disziplin nicht von Aussagen überflutet wird, die aufgrund ihrer kognitiven Qualität keine nähere Beschäftigung verdienen; es bedarf derartiger Standards auch, um zu gewährleisten, dass gewisse funktionale Mindeststandards erreicht werden.

Wenn diese Beobachtungen richtig sind, ergibt sich hieraus die Notwendigkeit, sich verstärkt mit den Funktionen der Staatsrechtswissenschaft zu befassen, vielleicht auch, die Disziplin aus einem soziokulturellen Blickwinkel zu betrachten. Dann würde sich etwa die Frage stellen, welche spezifische Bedeutung die zu beobachtenden institutionellen, kulturellen oder politischen Faktoren (etwa hinsichtlich der Zusammensetzung der „community") hinsichtlich des produzierten Wissens spielen. Ebenfalls wäre es dann möglich, sich näher mit der Frage zu befassen, welche Funktion die Interessen und Werte einer Wissenschaftlerin bei der Wahl des Forschungsgegenstands und bei der Rechtfertigung der in die Wissenschaft hineingetragenen Aussagen spielen (und spielen dürfen). Selbst wenn man nicht dem Irrglauben nachhängt, dass wissenschaftliche Aussagen in vollständiger Neutralität und Objektivität entwickelt und gerechtfertigt werden können, wird man darauf bestehen müssen, dass eine Wissenschaftlerin zwischen ihren (staatspolitischen und persönlichen) Interessen und ihrer Funktion als Mitglied einer „community", die auf die Erarbeitung von wissenschaftlichem Wissen ausgerichtet ist, zu unterscheiden weiß. Wie geht die Staatsrechtswissenschaft damit um, dass es immer wieder Fälle gibt, in denen etwa aufgrund politischer Präferenzen und individueller politischer Ziele eine Aussage „herbeigeschrieben" wird? Hier geht es um ethische und praktische

Fragen, denen die für die Veröffentlichung von Aussagen zuständigen Akteure möglicherweise mehr Aufmerksamkeit schenken müssten.

Viele der hier relevanten Fragen können nicht näher betrachtet werden. Wie geht die Disziplin mit dem Umstand um, dass die Akteure sehr unterschiedliche Nutzenkalküle haben, und wo setzt sie der Verfolgung wissenschaftsexterner Interessen Grenzen? Wie geht sie damit um, dass die Art des produzierten Wissens auch von der Person der Forscherin abhängt? Dies zwingt zur Beschäftigung mit der Frage, ob es zweckmäßig ist, auf eine gewisse Diversität der Forschenden, die Aussagen in die Disziplin hineintragen, zu drängen.[31] In welchem Umfang sollte die Disziplin ihre Mitglieder dazu anhalten, die politischen und gesellschaftlichen Folgen des produzierten Wissens bei der Auswahl eines Forschungsprojekts oder bei dessen Durchführung zu berücksichtigen? Gibt es im Staatsrecht „gefährliches" Wissen, also Wissen, dessen Produktion verhindert werden sollte? In manchen Bereichen der Naturwissenschaften, etwa im Bereich der Genetik, wird dies bekanntlich sehr kontrovers diskutiert. Aus Platzgründen sollen allein zwei Punkte knapp angesprochen werden.

2. *Sachkompetenz und Sorgfalt*

Wissenschaftliches Wissen entsteht nicht aus dem Nichts. Auch wenn es weiterhin die Vorstellung gibt,

[31] Es ist klar, dass Interessen, Werte und Orientierungsmuster die Wahl des Forschungsgegenstands beeinflussen. Diversität in der „community" wird daher zu mehr Diversität hinsichtlich der Forschungsfelder, Thesen und Ergebnisse führen.

dass dieses Wissen in Momenten introspektiver Selbstsuche des in sich gehenden Individuums entsteht: das ist eine romantisierende Abirrung. Die Produktion wissenschaftlichen Wissens wird sich nur hinreichend effektiv vollziehen, wenn die Akteure hinreichende Sachkompetenz aufweisen und zu erwarten ist, dass sie bei der Formulierung und Rechtfertigung der in das Wissenschaftssystem hineingetragenen Aussagen hinreichend sorgfältig vorgegangen sind. Dem System drohten Überlastung, qualitativer Niedergang und „Vermüllung", wenn es jeder Person möglich wäre, subjektiv für wahr gehaltene Aussagen in das System einzubringen. Sozialepistemologisch kommt es damit nicht nur darauf an, dass eine Person, die eine Aussage in das Wissenschaftssystem einbringt, den subjektiven Anspruch erhebt, rechtfertigen zu können, dass sie über hinreichende Sachkompetenz verfügt und sich um die Erschließung aller relevanten Evidenz mit Blick auf die Aussage bemüht hat. Dies wäre die Sichtweise einer internalistischen epistemischen Rechtfertigungstheorie. Das Wissenschaftssystem muss stattdessen von außen sicherstellen, dass das eingebrachte Wissen auf Erkenntnismechanismen beruht, die eine hinreichende Reliabilität erwarten lassen.

Die Wissenschaft vom Staatsrecht verfügt über verschiedene Mechanismen, mit denen die Erfüllung der damit umschriebenen Anforderungen sichergestellt werden soll. Der wohl wichtigste Mechanismus, mit dem sich die Disziplin schützt, ist die Überprüfung und Bestätigung einer wissenschaftlichen Qualifikation in formalisierten (Prüfungs-)Verfahren wie dem Promotions- oder Habilitationsverfahren. Wer belegt hat, ein „wissenschaftliches Werk" mit hinreichendem Innovationswert anfertigen zu können, kann von der Disziplin als Akteur angesehen werden, der über die notwendige Kompetenz zur Generierung wissenschaftlichen Wissens auf den betreffenden Feldern verfügt. Damit ist nicht gesagt, dass alles, was ein Promovierter oder Habilitierter produziert, (neues) wissenschaftliches Wissen ist. Die Kompetenzproblematik lässt sich in derartigen Verfahren aber hinreichend effektiv bewältigen. Wer ein solches Verfahren nicht durchlaufen hat, verfügt nicht über einen formellen Ausweis, mit dem die grundsätzliche Kompetenz außer Frage gestellt wird. Eine Vermutung, dass ein in das Wissenschaftssystem eingebrachter Beitrag von hinreichender Sachkompetenz getragen wird, besteht in diesem Fall jedenfalls nicht durch formale Qualifikation. Es bedarf dann genaueren Hinsehens, etwa vonseiten der Herausgeber einer Schriftenreihe oder der leitenden Redakteure einer Fachzeitschrift, ob der vorgelegte Beitrag von der notwendigen Sachkompetenz getragen wird. Im Staatsrecht ist hier – wie auch in anderen Rechtsgebieten – eine Öffnung zu beobachten: Die Zahl der Beiträge, die von Nichtpromovierten und Nichthabilitierten veröffentlicht werden, ist in den letzten Jahrzehnten stark angestiegen, nicht zuletzt aufgrund der Vervielfältigung von Fachzeitschriften. Diese Öffnung kann eine Wissenschaftsdisziplin befruchten, weil sie die Einbringung von Wissen durch Personen ermöglicht, die nicht durch die Schleuse der universitären Qualifikationsverfahren gegangen sind – die Diversität der Perspektiven, die Vervielfältigung der Fragestellungen und die Ausweitung der Ansätze und Methoden kann eine Disziplin bereichern und zur Überwindung von Verkrustungen beitragen. Die Entwicklung begründet aber auch die Gefahr, dass das

Wissenschaftssystem mit zu vielen Beiträgen konfrontiert wird, die keinen Gewinn und nur Last darstellen. Nicht jeder Aufsatz, der in einer juristischen Fachzeitschrift veröffentlicht wird, generiert nützliches wissenschaftliches Wissen. Die Akteure einer Wissenschaftsdisziplin müssen den Mut aufbringen, dies auch auszusprechen. Nicht jeder aus einem Anwaltsschriftsatz umformulierte Fachbeitrag und nicht jede Entscheidungsanmerkung sind Ausdruck wissenschaftlichen Arbeitens.

Das Wissenschaftssystem sieht zudem Vorkehrungen vor, mit denen darauf hingewirkt werden soll, dass die eingebrachten Aussagen von hinreichenden Bemühungen getragen werden, die gesamte verfügbare Evidenz zu verarbeiten, den Prinzipien kognitiver Rationalität zu entsprechen und sich verlässlicher, überzeugungsstiftender Mechanismen zu bedienen. Auch die Wissenschaft vom Staatsrecht kennt derartige Vorkehrungen. Ein Literaturverzeichnis und ein aussagekräftiger Fußnotenapparat sollen belegen, dass der Verfasser eines Beitrags den „Stand der wissenschaftlichen Erkenntnis" ermittelt und sich in das für die Fragestellung relevante Wissen eingearbeitet hat. Gegebenenfalls werden die verwerteten Gerichtsentscheidungen aufgelistet; jedenfalls findet man sie in den Fußnoten. In größeren Forschungsarbeiten können Aussagen zur Methode und zum Vorgehen gemacht werden. Ein argumentativ-abwägender Stil lässt erkennen, dass der Verfasser sich auch mit Einwänden und Gegenansichten auseinandergesetzt hat. Damit ist nach außen erkennbar, dass sich die Überzeugung des Verfassers von der „Wahrheit" bzw. Richtigkeit der in die Disziplin eingebrachten Aussage nicht lediglich auf subjektives Dafürhalten stützt. Es lässt sich auch überprüfen, inwieweit das bei der Rechtfertigung der Aussage relevante Material verwertet wurde. Offensichtlich sind die diesbezüglichen Anforderungen der Staatsrechtswissenschaft eher informal; sie werden auch uneinheitlich gehandhabt. Verschiedene Veröffentlichungsforen handhaben die Anforderungen unterschiedlich. Nicht jeder Akteur wird den gleichen Anforderungen unterworfen, etwa was den Zitierstil angeht. Zwischen den Anforderungen, die die Standards wissenschaftlicher Tugend formulieren, etwa mit Blick auf die Ehrlichkeit wissenschaftlichen Arbeitens und den Möglichkeiten einer umfassenden Dokumentation der Auseinandersetzung mit anderen Stimmen und Positionen, gibt es ein weites Feld der Möglichkeiten.

Nur am Rande sei erwähnt, dass die Disziplin die Anforderungen an die einzuhaltende Sorgfalt auch durch Sanktionsmechanismen schützt, die im Fall eines Verstoßes greifen – angefangen vom Reputationsverlust bis hin zum harten Ausschluss aus disziplinären Institutionen. Trotz gelegentlicher Probleme und Irritationen wird man davon ausgehen können, dass diese Mechanismen hinreichend effektiv sind; dies insbesondere, weil sie andere Mechanismen (etwa institutionell-dienstrechtlicher Natur) nur begleiten und unterstützen.

3. *Anforderungen an die Rechtfertigung einer Aussage*

Die Staatsrechtswissenschaft kann sich nicht mit der Frage befassen, wann eine Wissenschaftlerin einen Gedankenprozess so weit vollzogen hat, dass sie (subjektiv) davon ausgehen kann, dass eine von ihr formulierte Aussage auch hinreichend gerechtfertigt ist. Es muss der Disziplin aber ein Anliegen sein, Standards dafür zu entwickeln, wann eine Aussage aus der Sicht der „community" so gut begründet ist, dass sie in die Disziplin eingebracht werden darf. Die Anforderungen dürfen nicht überzogen werden: Zwischen der entwickelten juristischen Aussage und den dafür vorgetragenen Gründen wird jedenfalls in den allein interessanten schwierigen Fällen immer eine Lücke bleiben.[32] In diesen Problemfällen wird eine logisch zwingende Argumentation nie möglich sein. Anders formuliert: In diesen schwierigen Fällen werden sich juristische Aussagen nicht logisch-deduktiv zwingend aus dem verfügbaren Material ergeben.

Gleichwohl kann es einer Disziplin (und damit auch der Staatsrechtswissenschaft) nicht ganz gleichgültig sein, was mit dem Anspruch einer disziplinären Auseinandersetzung in sie hineingetragen wird. Für die Disziplin ist die Frage überaus relevant, wann eine Aussage so gut begründet ist, dass sie nach den (konventionellen und ethischen[33]) Standards der Disziplin in die „community" eingebracht werden darf. Es dürfte nicht auf Widerspruch stoßen, wenn man etwa feststellt, dass es nicht hinreichend sein kann, sich einfach auf sein „Rechtsempfinden" oder eine Eingebung zu berufen. Unklarer ist, ob es ausreicht, ein paar Stunden über eine hochkomplexe Frage nachzudenken, und die dabei entstandenen Gedanken dann der „community" zu präsentieren. Wie „systematisch" muss die Beschäftigung erfolgen, etwa mit Blick auf die Beschreibung und Analyse des Sachverhalts,

---

[32] *Stefan Magen*, Entscheidungen unter begrenzter Rationalität als Proprium des öffentlichen Rechts, in: Christoph Engel / Wolfgang Schön (Hrsg.), Das Proprium der Rechtswissenschaft, 2007, S. 303.

[33] Es geht insofern um Handlungserwartungen (andere sprechen von Tugenden).

die Wohlbegründetheit der prognostischen Annahmen, die sicherlich nicht ins Blaue hinein erfolgen dürfen, die Ausführlichkeit und Vollständigkeit der Begründung der eigenen Auffassung, die Herstellung von Bezügen und die Prüfung der Kohärenz, die Auseinandersetzung mit Einwänden und die Beschäftigung mit der Plausibilität von abweichenden Aussagen, etc.?[34] Und kommt es dabei vielleicht auch darauf an, welche Erfahrung eine Person bereits hat? Bislang findet eine Auseinandersetzung mit dieser Frage jedenfalls nicht offen statt; es sind vielmehr die Veröffentlichungsstandards der Herausgeber von Fachzeitschriften und der zuständigen Redakteure großer Verlagshäuser, die hier implizit gewisse Standards festlegen und durchsetzen. Man kann dabei klar beobachten, dass verschiedene Personen diesbezüglich unterschiedliche Anforderungen stellen, die Standards also voneinander abweichen.

V. Die kollektive Dimension staatsrechtswissenschaftlicher Wissensproduktion

Die Staatsrechtswissenschaft ist nach dem Gesagten ein System kommunikativer Kooperation, in dem sich die Akteure mit dem Staatsrecht *wissenschaftlich* befassen. Den Gegenstand dieses Funktionssystems bilden die Erarbeitung und Verwaltung rechtlichen Wissens über das öffentliche Recht der Bundesrepublik Deutschland. Als

[34] Insbesondere geht es auf dieser Ebene dann auch um das Verhältnis von Beobachtungen (Vorliegen eines Normtextes, Nachweis einer bestimmten Gesetzgebungsgeschichte) und Reflexion.

staatsrechtliches Wissen können alle gerechtfertigten wahren Aussagen angesehen werden, die das öffentliche Recht beschreiben, zu dessen Verständnis analytisch beitragen oder dessen Normativität konkretisieren oder ergänzen. Derartiges Wissen kann also Orientierungsfunktion oder handlungspraktische Funktion haben. Um Wissen im wissenschaftstheoretischen Sinn handelt es sich, weil es nicht sinnvoll ist, den Begriff des wissenschaftlichen Wissens auf solche Aussagen zu beschränken, die der Beschreibung und Erklärung der Realwelt dienen.

Die Staatsrechtswissenschaft wird als Disziplin nur durch kollektive Praktiken und gemeinsame ethische Werte zusammengehalten. Hierzu gehört zunächst die Erwartung, dass jeder Akteur mit jeder Akteurin zu sprechen bereit ist, aber auch die Annahme, dass die Beiträge aller (jedenfalls potentiell) von allen zur Kenntnis genommen werden. Im Übrigen muss sich jede Wissenschaftsdisziplin mit Fragen der Organisation der Kooperation befassen.

1. Validierung als Wesensmerkmal wissenschaftlichen Wissens

Ein sozial-epistemologisches Verständnis von Wissenschaftlichkeit wird darauf bestehen, dass sich die Rechtfertigung der Aussagen, die für wahr gehalten werden, nicht allein intern in der Person des Wissenschaftlers vollzieht. Die modernen Wissenschaftsdisziplinen sind von Skepsis getragen, was die Möglichkeiten und Grenzen einer internalistischen Rechtfertigung von Wissen angeht. Sie erkennen an, dass Menschen davon überzeugt sein können, dass eine Aussage gerechtfertigt wahr ist, dass sie die für die Rechtfertigung notwendige Minimalkompetenz aufweisen und dass sie hinreichend sorgfältig vorgegangen sind. Diese Überzeugung reicht den Disziplinen aber nicht aus. Sie tragen zur Rechtfertigung des eingebrachten Wissens dadurch bei, dass sie Verfahren der Validierung der eingebrachten Aussagen vorsehen. Dem liegt die Vorstellung zugrunde, dass sich die Reliabilität des eingebrachten Wissens so besser bestätigen lässt als durch subjektive kognitive Mechanismen.

Die externe Rechtfertigung über die Validierung der von Akteuren eingebrachten Aussagen ist ein *Wesensmerkmal wissenschaftlich erarbeiteten Wissens.* Ohne diese Überprüfung und Bestätigung ist nicht gesichert, dass die für wissenschaftliches Wissen charakteristische besondere Reliabilität (Belastbarkeit) gegeben ist. Das Wissenschaftssystem kann seine Testimonialfunktion für Staat und Gesellschaft nur erfüllen, wenn es Mechanismen vorhält, die sicherstellen, dass das generierte Wissen einen hinreichenden Wahrscheinlichkeitsgrad an Richtigkeit aufweist. Das bedeutet konkret, dass Aussagen ohne wissenschaftssystemische Validierung nicht als wissenschaftlich etabliertes Wissen angesehen werden können. Sie bewegen sich auf der Ebene subjektiven Dafürhaltens – unabhängig davon, ob sie „methodengerecht" erarbeitet worden sind oder nicht. Die subjektive Überzeugung des Wissenschaftlers von der Wahrheit reicht nicht aus, um wissenschaftliches Wissen zu generieren, ebenso wenig eine bloß interne Rechtfertigung unter Anwendung eingespielter und anerkannter Praktiken. Wer also im heimischen Arbeitszimmer ein Manuskript geschrieben hat, das gerechtfertigte richtige Aussagen über die Staatsrechtsordnung enthält, hat zwar (für sich) Wissen produziert – aber noch kein wissenschaftliches Wissen.

2. Standards hinsichtlich der Einbringung neuen Wissens

Erst die kollektive Dimension macht aus individuell wohlbegründeten Aussagen wissenschaftliches Wissen. Die verschiedenen Wissenschaftsdisziplinen haben spezifische Mechanismen, mit denen wissenschaftliches Wissen validiert wird. Soll es ein formalisiertes „Review"-Verfahren geben, oder wird diese Aufgabe sachkundigen Herausgebern und Redakteuren überantwortet? Wie muss ein „Review"-Verfahren ausgestaltet sein, um zugleich effektiv und fair zu sein und keine „biases" zu produzieren? Welche Rolle sollen der Status und die wissenschaftliche Bedeutung des Wissenschaftlers spielen, der die Behauptung einführt? Sollen hinsichtlich der Prüfung und Bewertung neu eingebrachter Aussagen alle gleich behandelt werden, oder dürfen der Status und die Bedeutung eine Rolle spielen?

Im Staatsrecht sind die Standards hinsichtlich des Umgangs mit neu eingebrachten Aussagen vergleichsweise informell, zudem weisen sie eine erhebliche Diversität auf. Soweit es um die Einbringung neuer Aussagen in Form eines mündlichen Vortrags geht, erfolgt die Validierung nach den Standards der staatsrechtswissenschaftlichen Disziplin vor allem durch Zustimmung, Kritik oder auch Korrektur. Natürlich ist das so gewonnene Wissen dann allerdings flüchtig. Aus praktischen Gründen ist die Veröffentlichung neu formulierter staatsrechtlicher Aussagen in Textform die Regel. Eine erste Validierung erfolgt hierbei regelmäßig durch die verantwortliche Betreuerin des Publikationsorgans: Die Aufnahme eines Textes in eine staatsrechtswissenschaftliche Zeitschrift oder Buchreihe, die nicht ohne Prüfung durch die Herausgeber oder verantwortlichen Redakteure erfolgt, bestätigt, dass es sich um einen diskussionswürdigen, wissensgenerierenden Beitrag handelt. Das in einigen Wissenschaftsdisziplinen zu beobachtende formalisierte Review-Verfahren, mit dem nicht nur die Einhaltung der kognitiven und ethischen Anforderungen sichergestellt werden soll, die überhaupt erst die Wissenschaftlichkeit des Beitrags begründet, sondern auch eine erste antizipierende Nützlichkeitsbewertung vorgenommen wird, ist im staatsrechtlichen Bereich weiterhin die Ausnahme. In der weiteren Auseinandersetzung mit den Aussagen des Beitrags, etwa in Kommentaren, Büchern, Rezensionen oder themengleichen Folgebeiträgen, wird das so eingebrachte Wissen dann eingeordnet, angefangen von nachlaufenden Plagiatskontrollen bis hin zur Nützlichkeitsbewertung. Noch kennt das Staatsrecht keine formalisierten Mechanismen der Bewertung, wie etwa Zitierindizes oder andere „impact"-Faktoren. Aufmerksame Beobachter erkennen aber auch ohne derartige Mechanismen, welche Bedeutung ein Beitrag im Laufe der Zeit gewinnt. Hierin drückt sich eine Nützlichkeitsbewertung seitens der anderen Mitglieder der wissenschaftlichen „community" aus. Nur zu häufig ist jedoch zu beobachten, dass Beiträge gar nicht auf erkennbare Resonanz stoßen. Auch hierin liegt eine Nützlichkeitsbewertung, die allerdings nicht immer gerecht sein muss. In der weiteren Auseinandersetzung kann zudem zu beobachten sein, dass den Aussagen des Beitrags widersprochen wird, mit der Folge, dass sich eine andere Sichtweise durchsetzt. Das steht der Wissenschaftlichkeit des produzierten Wissens nicht entgegen. Wer einen Beitrag zu einer Diskussion leistet, in der sich im Ergebnis eine abweichende Aussage durchsetzt, hat wissenschaftliches Wissen produziert.

3. Kollektiver Umgang mit eingebrachtem Wissen

Ein weiteres Feld, das nähere Betrachtung verdient, ist dann der disziplinäre Umgang mit dem eingebrachten Wissen. Hier geht es um die Praktiken, mit denen die neu eingebrachten Aussagen in das funktionale System eingeordnet werden, in dem das Wissen gepflegt wird (Verarbeitung im Kommentar, Zitierpraxis etc.). Vor allem aber stellt sich die Frage, wie die anderen Mitglieder der „community" mit Aussagen umgehen (und umgehen sollten), die sie selbst (mangels Kompetenz oder mangels Zeit) nicht überprüfen können. Jede Akteurin weiß, dass sich in der Folge der Einbringung einer Aussage unterschiedliche Zustände einstellen können: Einigkeit in der Beurteilung einer neuen Aussage, verschiedene Abstufungen eines Mehrheitskonsenses mit abweichenden Stimmen; Fälle, in denen die in die Disziplin eingebrachte Aussage „kontrovers" bleibt oder einen Dissens provoziert. Im Fall des „peer disagreement" stellen sich einerseits analytische Fragen: Richtet sich dies allein nach der Tiefe und Breite der Rechtfertigung der Aussage? Oder spielen andere Gründe (politisch, moralisch, soziokulturell) eine Rolle? Es geht aber auch um normative Probleme: Wann ist es gerechtfertigt, dass andere Wissenschaftler, die das Problem nicht vertieft bearbeitet haben, sich einer Aussage „anschließen", etwa in einem Lehrbuch oder in der akademischen Lehre? Setzt sich immer die am besten begründbare Aussage durch? Wie kommt es, dass Wissenschaftler auch dann an ihrer „Minderheitsauffassung" festhalten, wenn eine (möglicherweise ganz große) Mehrheit diese nicht für überzeugend hält und hinter einer anderen Aussage steht? Wann wird das Beharren auf einer „Minderheitsauffassung" irrational?

4. Anreizmechanismen und Belohnungsstrukturen

Ein letztes Feld sei hier noch abschließend angesprochen. Jede Disziplin pflegt Anreizmechanismen und Belohnungsstrukturen, mit denen die Produktion nützlichen Wissens gefördert werden soll. Wissenschaft ist nicht (jedenfalls nicht vorrangig) ein Wettbewerb, und sie lässt sich auch nicht mit Marktstrukturen gleichsetzen. Gleichwohl gibt es Mechanismen, mit denen das Kollektiv auf besonders gute Leistungen reagiert. Die Belohnungsstrukturen in den Naturwissenschaften sind bekannt – und auch besonders schneidend: Wer eine Entdeckung macht, bekommt den gesamten Reputationsgewinn; wer zu spät kommt, geht leer aus. In der Staatsrechtswissenschaft sind die Strukturen sehr viel diffuser: Eine neue Auffassung zu entwickeln, ist wichtig und zählt. Im weiteren Zeitablauf geht das Wissen, wer die Position entwickelt hat, aber regelmäßig verloren: In den Kommentaren wird durchgängig nicht versucht, die Genealogie sauber darzustellen (das ist keine Aufgabe der Kommentare) und auch in den Lehrbüchern bemüht man sich nicht zwangsläufig, die Urheberschaft neuen Wissens sauber in Erinnerung zu halten. Es ist gut möglich, dass ein sich durchsetzendes „Standardzitat“ auf eine Autorin verweist, die diese Aussage gar nicht als erste begründet oder in die Disziplin eingebracht hat. Diese Beobachtung mag auch darauf zurückzuführen sein, dass sich der funktionale Wert eines Beitrags nicht nur nach der „Neuigkeit“ einer Aussage bestimmt, sondern nach der Art ihrer Begründung. Staatsrechtliche Beiträge haben eine ästhetische Dimension, die in die Bewertung ihrer Bedeutung einfließt und damit im Belohnungssystem relevant ist.

Wissenschaftliche Verfassungsrechtspolitik? Friktionen und Bedingungen der Möglichkeit

Laura Münkler

I. Zusammenhänge

Das Thema „wissenschaftliche Verfassungsrechtspolitik" ruft, wie die vorhergehenden Beiträge zeigen, einen weiten Fragenkreis auf: Es führt auf die Diskussion über die Unterscheidbarkeit von Recht und Politik,[1] die Wissen-

[1] Vgl. hierzu etwa *Lembcke* in: Kirste (Hrsg.), Interdisziplinarität in den Rechtswissenschaften, 2016, S. 131 ff.; *Isensee*, in: ders./Kirchhof (Hrsg.), HbdStR, Bd. XII, 3. Aufl 2014, § 268 Rn. 90 ff.; *Möllers*, Der Staat 43 (2004), S. 399 ff. (400 ff.); *Grimm*, Recht oder Politik? 2020, S. 33 ff.

schaftlichkeit der Rechtswissenschaft,[2] deren Proprium,[3] das Verhältnis von Rechtsphilosophie, (Rechts- bzw. Verfassungs-)Theorie und Dogmatik[4] sowie die Bedeutung[5]

---

[2] Vgl. hierzu etwa *v. Kirchmann*, Von der Werthlosigkeit der Jurisprudenz als Wissenschaft, 1848, S. 22 f.; *v. Jhering*, Ist die Jurisprudenz eine Wissenschaft?, hrsg. v. Behrends, 1998, S. 47 ff.; *Jestaedt*, in: Kirchhof / Magen / Schneider (Hrsg.), Was weiß Dogmatik?, 2012, S. 117 ff. (124 ff.); *Volkmann*, in: Funke / Krüper / Lüdemann (Hrsg.), Konjunkturen in der öffentlich-rechtlichen Grundlagenforschung, S. 17 ff. (31 ff.); *Münkler*, in: dies. (Hrsg.), Dimensionen des Wissens im Recht, 2019, S. 3 ff. (10 ff.).

[3] Vgl. *Engel / Schön* (Hrsg.), Das Proprium der Rechtswissenschaft, 2007, S. 206 ff., passim.

[4] Das Problem liegt hierbei insbesondere darin, dass die Begriffe in Abhängigkeit voneinander und mit jeweils unklarem Gehalt zueinander in Beziehung gesetzt oder die Koppelungen hierzwischen ausgeblendet werden bzw. methodisch diffus bleiben, vgl. *Jestaedt*, Die Verfassung hinter der Verfassung, 2009, S. 18 ff., 45 ff., 73 ff.; *ders.*, Das mag in der Theorie richtig sein …, 2006, S. 16 ff. Zu einer Beeinflussung der Dogmatik durch die Theorie kommt es etwa über das Systemdenken sowie – gerade im Verfassungsrecht – an vielen weiteren durch Rechtsbegriffe eröffneten Schnittstellen, ausführlicher hierzu *Volkmann*, Der Staat 54 (2015), S. 35 ff. (37 ff.).

[5] Die Bedeutung von Dogmatik für die Möglichkeit von demokratischem Recht besonders betonend *Waldhoff*, in: Kirchhof / Magen / Schneider (Hrsg.), Was weiß Dogmatik?, 2012, S. 17 ff. (33 f.), der in der Dogmatik das „notwendige Bindeglied" zwischen demokratischer Rechtserzeugung und Rechtsverwirklichung sieht. Vgl. hierüber hinausgehend *Bumke*, Rechtsdogmatik, 2017, S. 44 ff., 119 ff., 145 ff. Kritischer demgegenüber zur Bedeutung der Dogmatik mit Blick auf „wissenschaftliche Verfassungsrechtspolitik" *Esser*, Juristisches Argumentieren im Wandel des Rechtsfindungskonzepts unseres Jahrhunderts, 1979, S. 21 ff.; *Adomeit*, Jahrbuch für Rechtssoziologie und Rechtstheorie 2 (1972), S. 504 ff.; *Lepsius*, in: Hilgendorf / Schulze-Fielitz (Hrsg.), Selbstreflexion der Rechtswissenschaft, 2015, S. 53 ff. (80); *Jestaedt*, in: Kirchhof / Magen / Schneider (Hrsg.), Was weiß Dogmatik?, 2012, S. 117 ff. (127 ff.). Spezifisch darauf eingehend, welche Art von Wissen Dogmatik darstellt, *Alexy*, Theorie

letzterer, sonstige Methodenfragen,[6] die Stellung des Verfassungsgerichts[7] wie auch die Bestimmung des Kreises der relevanten Verfassungsinterpreten[8] zurück und betrifft somit Gesichtspunkte, die die Rechtswissenschaft bereits seit langem beschäftigen.[9]

---

der juristischen Argumentation, 8. Aufl. 2015, S. 307 ff., 314; *Lepsius*, in: Kirchhof / Magen / Schneider (Hrsg.), Was weiß Dogmatik?, 2012, S. 39 ff. (42, 57); *Dreier*, in: Dreier (Hrsg.), Recht, Moral, Ideologie: Studien zur Rechtstheorie, 1981, S. 48 ff. (52); *Schönberger*, JÖR 65 (2017), S. 511 ff. (516); *Morlok*, Was heißt und zu welchem Ende studiert man Verfassungstheorie?, 1988, S. 39 f.; *Schmidt-Aßmann*, Das allgemeine Verwaltungsrecht als Ordnungsidee, 2006, S. 26 ff. Vgl. hierzu ferner *Münkler*, in: dies. (Hrsg.), Dimensionen des Wissens im Recht, 2019, S. 3 ff. (10 ff.).

[6] Die Bedeutsamkeit von Methodenfragen in diesem Kontext etwa betonend *Möllers*, Der Staat 43 (2004), S. 399 ff. (423); *Rüthers*, JZ 2003, S. 995 ff. spricht insoweit von Methodenfragen als „Macht- und Verfassungsfragen".

[7] Vgl. etwa *Jestaedt / Lepsius / Möllers / Schönberger* (Hrsg.), Das entgrenzte Gericht, 2011.

[8] Vgl. *Häberle*, JZ 1975, S. 297 ff. (297, 300 ff.); *Hailbronner*, Der Staat 53 (2014), S. 425 ff. (426 ff.). Noch weitgehender Verfassungsrechtswissenschaftler als „Constitutional Actors" ansehend, *Lazarus*, Federal Law Review 48 (2020), S. 483 ff. Auf den Zusammenhang zwischen BVerfG und dem Kreis der Verfassungsinterpreten am Rande hinweisend und hierdurch verdeutlichend, wie die Verfassungsrechtswissenschaft mit ihren Positionen mittelbar politische Bedeutung erlangt, *Schönberger* in: *Jestaedt / Lepsius / Möllers / Schönberger* (Hrsg.), Das entgrenzte Gericht, 2011, S. 9 ff. (55 f.).

[9] Als Ausgangspunkt hierfür werden vielfach die Ausführungen Savignys zu „wissenschaftlichem Recht" angesehen, vgl. zu letzterem *v. Savigny*, System des heutigen Römischen Rechts I, 1840, S. 45 ff. Zur Unmöglichkeit „wissenschaftlichen Rechts" finden sich indes auch in jüngerer Zeit dezidierte Äußerungen, vgl. etwa *Jestaedt*, Die Verfassung hinter der Verfassung, 2009, S. 93 ff.; *Schönberger*, Der „German Approach", 2015, S. 1 ff., 47 f.

Fragen wissenschaftlicher Verfassungspolitik werden jedoch auch aktuell verhandelt: So hängt etwa die im Rahmen der Corona-Pandemie von mehreren Mitgliedern der Staatsrechtslehrervereinigung geübte Kritik, verfassungswissenschaftliche Stellungnahmen würden von der Politik weitläufig ignoriert, hinsichtlich ihrer Berechtigung davon ab, wie Verfassungspolitik eigentlich auf rechtswissenschaftliche Einwürfe reagieren muss.[10] Ebenso macht die erst kürzlich international entbrannte Diskussion über Scholar Activism,[11] also die Frage, ob und vor allem wie sich Rechtswissenschaftler aktiv in die Politikgestaltung einbringen sollten und welche Rückwirkungen dies auf die Rechtswissenschaft nimmt, auf einige neuralgische

[10] Vgl. hierzu nur beispielhaft *Michaels* KJ 53 (2020), S. 375 ff. (378 ff.) sowie *Hase*, JZ 2020, S. 697 ff. (698) einerseits und *Heinig/Kingreen/Lepsius/Möllers/Volkmann/Wißmann*, JZ 2020, S. 861 ff. (865 ff.) andererseits, die insoweit auf die Relevanz gerade grundrechtlicher Perspektiven für die Politik hinweisen. Siehe ferner etwa *Volkmann*, FAZ v. 01.04.2020, 12; *ders.*, FAZ v. 06.05.2020, S. 9; *Wißmann*, FAZ v. 19.03.2020.

[11] Näher hierzu *Campos*, California Law Review 81/4 (1993), S. 817 ff. (849 ff.); *Khaitan*, International Journal of Constitutional Law, 20/2 (2022), S. 547 ff.; *T. Bustamante*, International Journal of Constitutional Law, 20/2 (2022), S. 557 f.; *Stone*, A Defence of Scholactivism, VerfBlog, 2022/8/22, https://verfassungsblog.de/a-defence-of-scholactivism/, DOI: 10.17176/20220822-181930-0; *Bookman*, What's wrong with good „scholactivism"?, VerfBlog, 2022/8/26, https://verfassungsblog.de/whats-wrong-with-good-scholactivism/ [zuletzt abgerufen am 24.05.2023]; *Alemanno*, Why Academic Ivory Towerism Can't Be The Answer, VerfBlog, 2022/8/31, https://verfassungsblog.de/why-academic-ivory-towerism-cant-be-the-answer/, DOI: 10.17176/20220831-181905-0. Kritisch hierzu ebenfalls, wenngleich eher am Rande, *Jestaedt*, Die Verfassung hinter der Verfassung, 2009, S. 94 und *Augsberg*, Theorie der Grund- und Menschenrechte: Eine Einführung, 2021, S. 131.

Punkte wissenschaftlicher Verfassungsrechtspolitik aufmerksam.[12]

In Anbetracht der hohen aktuellen Relevanz der verschiedenen Aspekte sowie den zwischen ihnen bestehenden Zusammenhängen meine ich, dass es Not tut, noch etwas abstrakter anzusetzen als die beiden vorherigen Beiträge dies getan haben. Ich möchte daher von den im Detail insbesondere bereits von Herrn Bryde behandelten Gesichtspunkten nochmals einen Schritt zurücktreten und beleuchten, was mit wissenschaftlicher Verfassungsrechtspolitik eigentlich gemeint ist, bestimmen, worin ihre Friktionen liegen und erläutern, welcher Faktoren es bedarf, damit wissenschaftliche Verfassungsrechtspolitik möglich ist. Zugleich erhoffe ich mir, unser Thema hierdurch etwas stärker zu konkretisieren, um die verschiedenen bereits angesprochenen Diskurse noch klarer hiermit verknüpfen zu können.

Ich möchte zu diesem Zweck zunächst mit einer Beobachtung des vorgegebenen Themas beginnen. Anschließend werde ich auf zwei Gesichtspunkte etwas näher eingehen, die in der hiesigen Auseinandersetzung meinem Eindruck nach bislang noch nicht hinreichend Beachtung gefunden haben: Zum einen die Art und Weise unserer

---

[12] Hintergrund der Auseinandersetzung um die „Neue Verwaltungsrechtswissenschaft“ ist ebenfalls, dass deren Intention, auf die Rechtsgestaltung Einfluss zu nehmen, innerhalb der Rechtswissenschaft umstritten ist, vgl. *Rixen*, Die Verwaltung 42 (2009), S. 309 ff. (311 ff.); *Schönberger*, JöR 65 (2017), S. 511 (526 ff., passim); *Gärditz*, in: Burgi (Hrsg.), Zur Lage der Verwaltungsrechtswissenschaft, Die Verwaltung, Beiheft 12, 2017, S. 105 ff. (131 ff.). Die Ambivalenzen der stärkeren Durchdringung von Rechtsgestaltung aufarbeitend *Fehling*, in: Burgi (Hrsg.), Zur Lage der Verwaltungsrechtswissenschaft, Die Verwaltung, Beiheft 12, 2017, S. 65 ff. (73 f.).

Differenzierung zwischen verfassungsrechtswissenschaftlichen und verfassungspolitischen Aussagen sowie zum anderen die Frage, wie verfassungsrechtliche Diskurse vor diesem Hintergrund geführt werden sollten. Hierauf basierend meine ich abschließend feststellen zu können, was die Bedingungen sind, unter denen man von wissenschaftlicher Verfassungsrechtspolitik sprechen kann.

II. Wissenschaftliche Verfassungsrechtspolitik – Pleonasmus oder Oxymoron?

Mit meiner Beobachtung des Themas greife ich in gewisser Weise die von Herrn Bryde eingangs seines Vortrags aufgeworfene Frage nach dem Grund des Fragezeichens[13] hinter „Wissenschaftliche Verfassungsrechtspolitik" bzw. seine Irritation hierüber auf.[14] Anders als Herr Bryde möchte ich mit meinen Bemerkungen zum gestellten Thema allerdings nicht bei der Interpunktion ansetzen,[15]

[13] Die Idee wissenschaftlichen Rechts mit Blick auf die Dogmatik verwerfend und vor diesem Hintergrund von einem gemeinsamen „Kommunikations- und Begegnungsraum" sprechend, *Jestaedt*, in: Kirchhof / Magen / Schneider (Hrsg.), Was weiß Dogmatik?, 2012, S. 117 ff. (136 f.). Ähnlich auch *Möllers*, in: Voßkuhle / Eifert / Möllers (Hrsg.), Grundlagen des Verwaltungsrechts, Bd. 1, 3. Aufl. 2022, § 2 Rn. 37 f.; *Waldhoff*, in: Kirchhof / Magen / Schneider (Hrsg.), Was weiß Dogmatik?, 2012, S. 17 ff. (25).

[14] *Bryde*, i. d. B., S. 1, 17 ff.

[15] Diese dürfte darauf zurückzuführen sein, dass „wissenschaftliches Recht" vielfach als unpolitisch angesehen wird, womit der Begriff „wissenschaftliche Politik" als Oxymoron gesetzt worden sein dürfte. Vgl. zur Ansicht, „wissenschaftliches Recht" sei „unpolitisches Recht", *Jestaedt*, JZ 2014, S. 1 ff. (7).

sondern stattdessen vornehmlich nach den Gründen für die Inbezugsetzung von gerade *wissenschaftlich* und *Verfassungsrechtspolitik* fragen und den hierin zum Ausdruck kommenden Prämissen der Ausrichter dieses Kreises nachgehen.

Die gegebene Thematik enthält meinem Eindruck nach nämlich zunächst einmal zwei Engführungen respektive Zuspitzungen der aus meiner Sicht hierhinter stehenden Grundfragestellung nach der Konzeptionalisierung des Verhältnisses von Wissenschaft und Politik.[16] Bemerkenswert erscheint mir insoweit zum einen die durch die Ausrichtung auf die wissenschaftliche Verfassungs*rechts*politik vorgenommene Fokussierung auf die Rechtswissenschaft unter tendenzieller Ausblendung der Bedeutung anderer Disziplinen.[17] Zum anderen erscheint mir interessant, dass die Fragestellung auf das *Verfassungs*recht zugerichtet wurde, anstatt auch das Straf- und Zivil- sowie das Verwaltungsrecht in den Blick zu nehmen.[18]

---

[16] Ausführlicher zu diesem Spannungsverhältnis *Münkler*, Expertokratie, 2020, S. 67 ff., 108 ff., m. w. N.

[17] Grund hierfür dürfte die Anknüpfung an die Grundeinteilung der Wissenschaften in Kausal- und Normwissenschaften sein, vgl. *Kelsen*, in: Klecatsky / Marcic / Schambeck (Hrsg.), Die Wiener rechtstheoretische Schule: Schriften von Hans Kelsen, Adolf Merkl, Alfred Verdross, 2010, S. 37 ff. (37 f.). Siehe zu den Besonderheiten rechtlichen Wissens ferner *Somek*, in: Lerch (Hrsg.), Die Sprache des Rechts. Recht vermitteln: Strukturen, Formen und Medien der Kommunikation im Recht, 2005, S. 399 ff. (402); *ders.*, Rechtliches Wissen, 2006, S. 25 ff.

[18] In diesen Bereichen stellen sich indes vergleichbare Fragen. Darauf hinweisend, dass rechtliche und rechtspolitische Argumentationen prinzipiell untrennbar miteinander verbunden seien, *Auer*, Materialisierung, Flexibilisierung, Richterfreiheit, 2005, S. 81 ff. Auf die parallele Problematik einer „wissenschaftlichen Verwaltungs-

Ich unterstelle insoweit, dass Hintergrund der beiden Einschränkungen zumindest nicht hauptsächlich das Forum oder unsere Neigung zur Beschäftigung mit uns selbst war. Stattdessen gehe ich von einem anderen Beweggrund aus: Als Anlass hierfür vermute ich insoweit vielmehr, dass sich die generelle Schwierigkeit des Verhältnisses von Wissenschaft und Politik im Kontext der Frage nach wissenschaftlicher Verfassungsrechtspolitik potenziert,[19] weshalb Einsichten aus diesem Bereich auch für andere Felder aufschlussreich sein dürften.

Grund für die Zuspitzung des Spannungsverhältnisses von Wissenschaft und Politik im Rahmen der Verfassungsrechtspolitik ist die besondere Ambivalenz der Bedeutung verfassungsrechtswissenschaftlicher Erkennt-

---

rechtspolitik" – wenngleich kritisch – hinweisend *Gärditz*, in: Burgi (Hrsg.), Zur Lage der Verwaltungsrechtswissenschaft, Die Verwaltung, Beiheft 12, 2017, S. 105 ff. (131 ff.).

[19] Vgl. *Schulze-Fielitz*, Staatsrechtslehre als Mikrokosmos, 2012, S. 21 ff. Betonend, dass mit Blick auf rechtswissenschaftliche Expertise zwischen zivil- und öffentlich-rechtlichem Wissen zu differenzieren sei, da letzteres eine stärkere Politiknähe aufweise, *Möllers*, in: Jestaedt / Lepsius (Hrsg.), Rechtswissenschaftstheorie, 2008, S. 151 ff. (169 ff.). Diese ist im Öffentlichen Recht nochmals weiter ausdifferenziert, wie etwa die Diskussion um die Verfassungsinterpretation deutlich macht, paradigmatisch hierzu *Ehmke*, in: Dreier / Schwegmann (Hrsg.), Probleme der Verfassungsinterpretation, 1976, S. 164 ff. (172 ff.); *Böckenförde*, NJW 1974, S. 1529 ff.; *ders.*, in: Achterberg / Krawietz / Wyduckel (Hrsg.), Öffentliches Recht und Politik. FS für U. Scupin, 1983, S. 317 ff. (320 ff.). So dürften wohl auch die Ausführungen von *Jestaedt*, Die Verfassung hinter der Verfassung, 2009, S. 93 f. zu deuten sein, der allerdings wissenschaftliche Verfassungsrechtspolitik insoweit auf die Frage nach der Bedeutung von Dogmatik verengt, um sie sodann angesichts ihres unklaren Verhältnisses zur Verfassungstheorie wieder auszuweiten.

nisse für diese: Ihre hohe prinzipielle Relevanz[20] einerseits bei gleichzeitiger Bedeutungslosigkeit individueller Positionen andererseits.[21] Weil dies paradox klingt, möchte ich diesen Gesichtspunkt kurz – in Anschluss an sowie unter Kommentierung von Herrn Brydes Erwägungen – etwas näher erläutern.

Herr Bryde hat eher am Rande seiner Erwägungen auf die Besonderheit des Umgangs mit rechtswissenschaftlichen Aussagen im Rahmen der Politik bzw. vonseiten des Verfassungsgerichts hingewiesen, als er bemerkte, dass rechtswissenschaftliche Gutachten zumeist als erweiterter „Parteivortrag" behandelt würden.[22] Unterstellt, dem wäre zuzustimmen,[23] zeigte dies, dass, obgleich verfassungsrechtswissenschaftlichen Expertisen eine relevante Bedeutung insbesondere im Rahmen der (verfassungs-)gerichtlichen Entscheidungsfindung wie auch

---

[20] Diese mit Blick auf die Dogmatik statuierend, *Jestaedt*, in: Kirchhof / Magen / Schneider (Hrsg.), Was weiß Dogmatik?, 2012, S. 117 ff. (127 ff., 137).

[21] Vgl. *Adomeit*, Jahrbuch für Rechtssoziologie und Rechtstheorie 2 (1972), S. 504 ff. (506 f.). Hiermit soll indes nicht impliziert werden, dass es darauf ankäme, ob eine bestimmte Position von der Mehrheit der Wissenschaftler vertreten wird.

[22] So *Bryde*, i. d. B., S. 18 f. Dies schlägt sich etwa darin nieder, dass zu Rechtsfragen kaum Sachverständige gehört werden, vgl. *Ramsauer*, in: Kopp / ders. (Hrsg.), Verwaltungsverfahrensgesetz, 23. Aufl. 2022, § 26 Rn. 28.

[23] Hierfür spricht vieles. Diese Art und Weise, mit rechtlichen Erkenntnissen umzugehen, schlägt sich auch etwa darin nieder, dass Juristen grundsätzlich nicht als Sachverständige gehört werden, was sich indes neben der hierin potentiell enthaltenen Aussage über den Wertungsgehalt derartiger Einsichten auch mit der spezifischen Institutionalisierung erklären lässt, vgl. *Münkler*, Expertokratie, 2020, S. 243 ff.

bei deren Begründung und hierüber spätestens mittelbar auch für die Politik zukommt,[24] diese nicht als objektiv, neutral und daher in besonderer Weise erheblich oder gar bindend, sondern hingegen als „parteigebunden" betrachtet werden.

Dieser Gesichtspunkt der potentiellen Parteiabhängigkeit bzw. – anders formuliert – die Frage nach der Standpunktgebundenheit verfassungsrechtswissenschaftlicher Positionen scheint mir einer der Hauptgesichtspunkte unseres Themas zu sein. Denn er ist sowohl für das Erkennen der Friktionen wissenschaftlicher Verfassungsrechtspolitik als auch für die Frage, ob und wie diese eigentlich betrieben zu werden vermag, meines Erachtens entscheidend. Insoweit erscheint es mir, obgleich an sich bekannt, als relevant zu betonen, dass verfassungsrechtswissenschaftlichen Aussagen zwei Eigenheiten mit Blick auf die Politik zukommen: Erstens müssen wir uns im Kontext wissenschaftlicher Verfassungsrechtspolitik dessen bewusst sein, dass verfassungsrechtliche Positionen der Rechtswissenschaft in noch ausgeprägterer Weise als andere wissenschaftliche Erkenntnisse Wertungen enthalten.[25] Dass dem so ist, machen etwa

[24] Vgl. hierzu mit Blick auf das Bundesverfassungsgericht *Lepsius*, in: Jestaedt/ders. (Hrsg.), Verhältnismäßigkeit: Zur Tragfähigkeit eines verfassungsrechtlichen Schlüsselkonzepts, 2016, S. 1 ff. (23); *Hailbronner*, Der Staat 53 (2014), S. 425 ff. (429 f.).

[25] Hintergrund hierfür sind die kompromisshaften, weiten Formeln des Grundgesetzes, ihr fragmentarischer Charakter wie auch ihre Deutungsoffenheit, auch gegenüber den Einsichten anderer Disziplinen, deutlich hierzu sowie zu den Auswirkungen auf die „Staatsrechtswissenschaft" *Böckenförde*, in: Achterberg/Krawietz/Wyduckel (Hrsg.), Öffentliches Recht und Politik. FS für U. Scupin, 1983, S. 317 ff. (320 ff.).

der Diskurs über das Verhältnis von Recht und Politik im Rahmen der Verfassung sowie der Disput über die demokratische Legitimität der Verfassungsgerichtsbarkeit und deren Ausgestaltung deutlich.[26] Dieser Gesichtspunkt schlägt sich indes ebenfalls etwa in *Kelsens* Erwägungen zur Problematik von Phrasen[27] in Verfassungstexten wie auch den Überlegungen zum Kreis der maßgeblichen Verfassungsinterpreten[28] sowie vielen weiteren Disputen[29] nieder. Obgleich nicht jederlei Verfassungsverständnis gleichermaßen überzeugend ist, lassen sich doch schließlich unterschiedliche Auffassungen dazu, was die Verfassung vorgibt, plausibel wissenschaftlich vertreten.[30] Welcher Standpunkt der überzeugendere ist und wie verschiedene Argumente zueinander ins Verhältnis gesetzt

---

[26] Vgl. *Jestaedt/Lepsius/Möllers/Schönberger* (Hrsg.), Das entgrenzte Gericht, Berlin 2011; *Grimm*, Recht oder Politik? 2020, S. 33 ff.

[27] *Kelsen*, VVDStRL 5 (1929), S. 30 ff. (69 f.).

[28] Vgl. *Häberle*, JZ 1975, S. 297 ff. (297, 300 ff.); *Hailbronner*, Der Staat 53 (2014), S. 425 ff. (426 ff.).

[29] Beispielsweise der Einordnung der Staatsrechtslehre als politischem Akteur vgl. *Gärditz*, Der Staat 57 (2018), S. 633 ff. (644 ff.) sowie der Frage nach der Relevanz des Kontextes und dem Umgang mit sich widersprechenden Interpretationen, *Lepsius*, Relationen, 2016, S. 1 ff. (21 ff.).

[30] Vgl. *Kelsen*, Reine Rechtslehre, 2. Aufl. 1960, S. 349 f., 353, der insoweit die rechtswissenschaftliche Praxis, auf „richtige Deutungen“ zu beharren, kritisiert; *Neumann*, Wahrheit im Recht, 2004, S. 40 f., der im Übrigen indes – zumindest mit Blick auf gerichtliche Entscheidungen – sehr weitgehend dem Ideal der einzig „richtigen“ Entscheidung als „regulativer Idee“ anhängt, hinsichtlich dieser allerdings die Kritik durch die Rechtswissenschaft für notwendig erachtet.

werden, stellt insoweit eine Wertung dar, die zumindest auch von einem subjektiven Dafürhalten geprägt ist.[31]

Zweitens erweisen sich verfassungsrechtliche Aussagen im Kontext der Politik – gleichsam konträr hierzu – als besonders wirkmächtig, was in der Kombination mit der Wertungsabhängigkeit verfassungsrechtswissenschaftlicher Positionen zu Friktionen führt. Diese besondere Wirkmacht basiert wiederum auf zweierlei Faktoren: Zum einen wird sie – wie Herr Bryde dargelegt hat – bedingt durch die Institution des Bundesverfassungsgerichts und dessen Umgang mit der Verfassungsrechtswissenschaft. Zum anderen erlangen – hiermit zusammenhängend – Aussagen über die Verfassung deshalb besondere Relevanz, weil Dogmatik – und hierum handelt es sich bei den meisten verfassungsrechtswissenschaftlichen Einsichten, die mit Blick auf die Frage nach einer wissenschaftlichen Verfassungsrechtspolitik adressiert werden – zwischen Rechtserkenntnis und Rechtserzeugung respektive Darstellung und Herstellung von Recht changiert.[32] Trotz ihrer Wertungsabhängigkeit kommt verfassungsrechtswissenschaftlichen Aussagen in der Politik, weil sie diese aufgrund der Verfassungsbindung weitgehender als andere disziplinäre Erkenntnisse zu limitieren vermögen, somit eine hervorgehobene Bedeutung zu. Dieses Spannungs-

---

[31] So diskurstheoretisch auch *MacCormick*, Legal Reasoning and Legal Theory, 1978, S. 229 ff.; *Bäcker*, Begründen und Entscheiden, 2. Aufl. 2012, S. 326 ff. Ähnlich auch bereits *Kelsen*, Reine Rechtslehre, 2. Aufl. 1960, S. 353 f.

[32] Vgl. *Kelsen*, Reine Rechtslehre, 2. Aufl. 1960, S. 346 ff; *Jestaedt*, Das mag in der Theorie richtig sein ..., 2006, S. 43 ff.; *ders.*, Die Verfassung hinter der Verfassung, 2009, S. 30; *Bumke*, Rechtsdogmatik, 2017, S. 48 ff.

verhältnis ist der Grund, weshalb sich die Konzeptionalisierung des Verhältnisses von Wissenschaft und Politik im Bereich der Verfassungsrechtspolitik als besonders komplex erweist. Gleichzeitig ist deshalb die Beantwortung der Frage, inwieweit und wodurch wissenschaftliche Verfassungsrechtspolitik möglich ist, besonders bedeutsam.

Um dieser Frage nachgehen zu können, bedarf es meines Erachtens im ersten Schritt einer Auseinandersetzung damit, ob überhaupt – wie die Formulierung des Themas mit seiner Betonung von *wissenschaftlich* einerseits und *verfassungsrechtspolitisch* andererseits insinuiert – zwischen rechtswissenschaftlichen und politischen Aussagen differenziert zu werden vermag. Diesen Gesichtspunkt aufzuarbeiten, ist mit Blick auf unser Thema sogar gleich aus drei Gründen entscheidend: Erstens, weil wissenschaftliche Verfassungsrechtspolitik überhaupt erst denkbar wird, sofern verfassungsrechtswissenschaftliche Erkenntnisse von verfassungspolitischen Aussagen unterscheidbar sind. Zweitens würden sämtliche der in letzter Zeit mit Blick hierauf diskutierten Probleme obsolet, sollte eine solche Differenzierung nicht möglich sein. Schließlich könnte weder sinnvoll von einem Scholar Activism gesprochen und dieser eingefordert respektive kritisiert werden, noch ließe sich ernsthaft problematisieren, dass die Politik auf die Kritik von Verfassungsrechtswissenschaftlern nicht reagiert, wenn dieser gar keine weitergehende Bedeutung zukäme als jeder anderen „politischen“ Stellungnahme. Drittens dürfte die Art und Weise, wie wir zwischen wissenschaftlichen und politischen Äußerungen unterscheiden, auch mit Blick darauf aufschlussreich sein, was wissenschaftliche Verfassungsrechtspolitik aufseiten der Rechtswissenschaft voraussetzt.

III. Verfassungsrechtliche Positionen – Wissenschaft oder Politik?

Wodurch lassen sich also in der politischen Entscheidungsfindung verfassungsrechtswissenschaftliche von verfassungspolitischen Äußerungen unterscheiden?

Auf die Person, die eine Einsicht äußert, und deren Ausbildung kann jedenfalls nicht abgestellt werden, auch wenn dies im Diskurs über den Aktivismus von Wissenschaftlern teils so scheint. Schließlich ist es jedem möglich, in verschiedenen Systemen zu agieren,[33] weshalb sich Rechtswissenschaftler auch in der einen Situation wissenschaftlich und in der anderen politisch betätigen können. Die Systemtheorie erklärt insoweit lediglich eine bekannte Einsicht überzeugend.

Ebenso wenig lässt sich bei der Differenzierung zwischen verfassungspolitischen und verfassungsrechtswissenschaftlichen Aussagen vornehmlich auf das Forum der Äußerung abstellen. Wenngleich diesem – Herr Bryde sprach insoweit insbesondere Gutachten an – eine indizielle Bedeutung bei der Beurteilung beizumessen ist, inwieweit es sich um einen wissenschaftlichen Beitrag handelt,[34] kann das Forum dennoch letzten Endes nicht ausschlaggebend sein. Ansonsten wäre weder eine wissen-

[33] Hierauf unter der Bezeichnung „Rollendiversität bei Personenidentität" ebenfalls hinweisend *Jestaedt*, Das mag in der Theorie richtig sein ..., 2006, S. 88f.

[34] Hintergrund dafür, dem Forum eine indizielle Bedeutung beizumessen, ist, dass Diskurse im Rahmen der Wissenschaft in einer bestimmten Art und Weise institutionalisiert werden. Vgl. hierzu auch *Alexy*, Theorie der juristischen Argumentation, 8. Aufl. 2015, S. 314; *Merton*, J. Legal & Pol. Soc. 1 (1942), S. 115ff. (118, 124).

schaftliche Beratung der Politik noch Wissenschaftskommunikation denkbar, da in beiden Konstellationen aus dem wissenschaftlichen Diskurs herausgetreten wird.

Aus diesem Grund stellen wir auch an sich vornehmlich – und dies meines Erachtens zu Recht – auf den Modus des Begründens[35] als entscheidenden Gesichtspunkt bei der Differenzierung zwischen wissenschaftlich und politisch ab, wie dies etwa in den Diskursen über die Wissenschaftlichkeit der Rechtswissenschaft und ihre Methoden zum Ausdruck kommt.[36] Die Art und Weise des Nachdenkens über die Verfassung sowie die hierbei als relevant erachteten Gründe, hauptsächlich also die Methode, macht folglich den Unterschied zwischen wissenschaftlichen und politischen Aussagen aus. Dies überzeugt zwar, irritiert jedoch zugleich, weil wir uns innerhalb der Rechtswissenschaft – gerade im Verfassungsrecht – doch eigentlich vor allem darin einig sind, dass wir uns in Methodenfragen uneinig sind.[37] Wir dürften wohl nicht einmal der Meinung sein, diese Frage im letzten Punkt mit dem eindeutig besseren Argument in die eine oder andere

---

[35] Vgl. hierzu etwa *Alexy*, Theorie der juristischen Argumentation, 8. Aufl. 2015, S. 264 ff., 273 ff., wobei insoweit wiederum die Problematik besteht, welche Arten von Gründen im Rahmen des rechtlichen Diskurses „zulässig" sind, was bewirkt, dass Begründen unter anderem darin besteht, „Prämissen" aufzudecken.

[36] Vgl. *Jestaedt*, in: Funke / Lüdemann (Hrsg.), Öffentliches Recht und Wissenschaftstheorie, 2009, S. 17 ff. (33 ff.).

[37] Auf die Disparität der Rechtswissenschaft in Methodenfragen anhand der Auseinandersetzung mit deren Wissenschaftscharakter hinweisend, *Röhl / Röhl*, Allgemeine Rechtslehre, 3. Aufl. 2008, S. 79 ff.; *Ehmke*, in: Dreier / Schwegmann (Hrsg.), Probleme der Verfassungsinterpretation, 1976, S. 164 ff. (169 ff.); *Schmidt-Aßmann*, Verwaltungsrechtliche Dogmatik, 2013, S. 10 ff. Vgl. ferner *Münkler*, AöR 146 (2021), S. 595 ff.

Richtung entscheiden zu können. Stattdessen verbleibt insoweit eine Leerstelle mit Blick auf die Distinktion zwischen verfassungsrechtswissenschaftlichen und verfassungspolitischen Aussagen.

Dies mag zwar in gewisser Weise erklären, weshalb Methodenfragen in der Rechtswissenschaft einesteils besonders virulent und andernteils seit einiger Zeit kaum mehr intensiver diskutiert werden.[38] Hierdurch werden fortbestehende Probleme im Diskurs indes eher verdeckt. Ferner scheint auch die Art und Weise, wie wir Kritik üben, zumeist nicht vorrangig auf Methodengesichtspunkten zu basieren und Argumentationsketten im Detail zu beleuchten. Dies beides macht allerdings die Differenzierung zwischen verfassungsrechtswissenschaftlichen und verfassungsrechtspolitischen Aussagen und damit auch den Umgang mit verfassungsrechtswissenschaftlichen Positionen im politischen Diskurs prekär.

Dennoch möchte ich festhalten, dass Argumente unterschiedlich geführt werden, je nachdem, ob sie als wissenschaftliche oder politische eingebracht werden, weshalb ich meine, dass zwischen wissenschaftlichen und politischen Positionen unterschieden werden kann und sollte. Ich erachte vor diesem Hintergrund wissenschaftliche Verfassungsrechtspolitik zwar prinzipiell als möglich, halte das insoweit gesetzte Fragezeichen jedoch für wichtig, um das bestehende Spannungsverhältnis nicht zu negieren.[39] Schließlich wird die verbleibende Leerstelle

[38] Vgl. *Möllers*, VerwArch 90 (1999), S. 187 ff.; *Augsberg*, in: Funke / Lüdemann (Hrsg.), Öffentliches Recht und Wissenschaftstheorie, 2009, S. 145 ff. (180 ff.).

[39] Zu dessen Unauflösbarkeit näher *Münkler*, Expertokratie, 2020, S. 30 ff., 643 ff.

der Unterscheidung von verfassungsrechtswissenschaftlichen und verfassungspolitischen Aussagen spätestens im Kontext der Frage, welche Relevanz verfassungsrechtswissenschaftlichen Aussagen im Rahmen der Politik eigentlich konkret zuzuschreiben ist, zum Problem.

IV. Die Verantwortung der Rechtswissenschaft

Mit Blick hierauf erscheint es mir als notwendig – dies stellt nun meinen zweiten Gesichtspunkt und zugleich die Konsequenz der vorhergehenden Erwägungen dar –, künftig vermehrt zu bedenken, welche Konsequenzen die Art und Weise, wie wir aneinander Kritik üben bzw. dies gerade nicht tun, für die Möglichkeit wissenschaftlicher Verfassungsrechtspolitik hat. Denn sowohl das weitläufige Ignorieren bestimmter verfassungsrechtswissenschaftlicher Positionen im Diskurs, anstatt sich mit diesen auseinanderzusetzen und ggf. ihre Defizite herauszuarbeiten,[40] als auch der Umstand, dass nicht mehr hauptsächlich auf die argumentativen Defizite, Leerstellen oder methodischen Ungereimtheiten detailliert hingewiesen, sondern stattdessen des Öfteren ohne Weiteres behauptet wird, bei bestimmten Positionen handele es sich um bloße Verfassungspolitik und nicht Verfassungsrechtswissenschaft,[41] schwächen die Möglichkeit wissenschaftlicher Verfassungsrechtspolitik. Schließlich bewirkt dies, dass

---

[40] Kritisch hierzu *Häberle*, in: Horn (Hrsg.), Recht im Pluralismus, FS für W. Schmitt Glaeser, 2003, S. 395 ff. (401 f.).

[41] Vgl. *Brünger*, in: Dux / Groß / Kraft / Militz / Ness (Hrsg.), FRAU. MACHT.RECHT, 2023, S. 183 ff. (184, 188 ff.).

es aus dem Blickwinkel anderer Disziplinen wie auch der Politik teils wohl so scheint, als ließe sich jederlei verfassungsrechtliche Auffassung gleichermaßen gut und mit identisch berechtigten Gründen vertreten. Hierdurch droht wissenschaftliche Verfassungsrechtspolitik indes zur Suche nach dem richtigen Verfassungsrechtswissenschaftler für die jeweilige verfassungsrechtspolitische Auffassung zu verkommen,[42] ohne dass die qualitativen Unterschiede verfassungsrechtswissenschaftlicher Argumentationen dabei noch hinreichend klar wären. Wenn dies eintritt, kann aber nicht mehr sinnvoll von wissenschaftlicher Verfassungsrechtspolitik gesprochen werden. Vielmehr wird dann bloße Verfassungsrechtspolitik betrieben, an der zwar noch rechtswissenschaftliche Kritik geübt, im Übrigen indes lediglich auf Hilfe vonseiten des Verfassungsgerichts gehofft werden kann.

V. Limitierte Modi legitimen Einwirkens auf die Verfassungsrechtspolitik?

Vielleicht steht aus unserer Verzweiflung hierüber deshalb plötzlich als Hauptkritikpunkt – wie die neuerdings breite Diskussion über Scholar Activism deutlich macht –[43] wieder im Zentrum, in welchen Foren sich Rechtswissenschaftler äußern. Dass – wie Herr Bryde es andeutete –[44]

[42] Vgl. *Gelbach*, The University of Chicago Law Review 81 (2014), S. 131 ff. (131); *Biedenkopf*, in: Heidelberger Akademie der Wissenschaften (Hrsg.), Politikberatung in Deutschland: Praxis und Perspektiven, 2006, S. 18 ff.

[43] Nähere Nachweise hierzu unter Fn. 12.

[44] Vgl. *Bryde*, i. d. B., S. 19.

womöglich zu viele Fernseh- oder Zeitungsinterviews gegeben, Politikberatung betrieben und Gutachten übernommen werden und dies womöglich negative Rückwirkungen auf die Rechtswissenschaft nimmt, ist aber doch letztlich in unserem Kontext nicht das Kernproblem.

Grund hierfür ist zum einen, dass wissenschaftliche Verfassungsrechtspolitik doch überhaupt erst möglich wird, sofern verfassungsrechtswissenschaftliche Expertisen in den politischen Diskurs eingeführt oder sonst einem breiteren Publikum mithilfe der Wissenschaftskommunikation zur Kenntnis gebracht werden.[45] Wir können natürlich hoffen, wissenschaftliche Verfassungsrechtspolitik entstünde hauptsächlich dadurch, dass Politiker unsere Monographien und Aufsätze lesen und rezipieren, eintreten wird dies jedoch wohl eher nicht. Zum anderen sollten wir uns darauf zurückbesinnen, dass Kerngesichtspunkt der Differenzierung zwischen rechtswissenschaftlichen und politischen Aussagen aus gutem Grund gerade nicht das Forum oder der Anlass der Einlassung ist, sondern vielmehr die Art und Weise des Begründens verfassungsrechtlicher Aussagen.[46] Des-

---

[45] Zur Notwendigkeit von Wissenschaftskommunikation für wissenschaftsbasierte Politik vgl. *Pörksen*, in: Leopoldina, Nationale Akademie der Wissenschaften (Hrsg.), Sprache der Wissenschaft – Sprache der Politikberatung, Vermittlungsprozesse zwischen Wissenschaft und Politik, 2015, S. 9 ff. (14 ff.); *Bora*, in: Stehr / Weiler (Hrsg.), Who owns knowledge? Knowledge and the law, 2008, S. 67 ff. (68, 81 f.). Auf die Funktion von Wissenschaft besonders in „Krisen" insoweit hinweisend *Heinig / Kingreen / Lepsius / Möllers / Volkmann / Wißmann*, JZ 2020, S. 861 ff. (871 f.).

[46] So auch *Bumke*, Rechtsdogmatik, 2017, S. 52. Vgl. ebenfalls *Münkler*, in: dies., Dimensionen des Wissens im Recht, 2019, S. 3 ff. (13). Dass man insoweit teils meint, Gutachten ließen sich, sofern

halb sollten wir uns, auch damit Verfassungsrechtspolitik wissenschaftlich fundiert betrieben werden kann, wieder stärker hiermit beschäftigen und zugleich Kritik an anderen rechtswissenschaftlichen Standpunkten so üben, dass argumentative Lücken, methodische Ungereimtheiten und sonstige qualitative Mängel dieser Positionen deutlich werden,[47] um ihnen hierdurch ihr Gewicht zu nehmen und sie als von politischen Vorannahmen geprägte Sichtweise zu dekonstruieren oder aus sonstigen Gründen als nicht überzeugend abzulehnen.

VI. Bedingungen wissenschaftlicher Verfassungsrechtspolitik

Worum geht es demzufolge vornehmlich, wenn nach wissenschaftlicher Verfassungsrechtspolitik gefragt ist und wie ist diese vonseiten der Rechtswissenschaft aus zu ermöglichen?

Ich meine, dass von wissenschaftlicher Verfassungsrechtspolitik nur gesprochen werden kann, sofern bei verfassungspolitischen Fragen eine Auseinandersetzung mit verfassungsrechtswissenschaftlichen Positionen so

---

sie nicht als solche gekennzeichnet würden, nicht von rechtswissenschaftlichen Untersuchungen unterscheiden, erscheint insoweit nicht lediglich als Kritik am Gutachtenwesen, sondern ist auch im Übrigen vielsagend. Dennoch irritiert es, dass, anders als in anderen Disziplinen häufig üblich, Geldgeber nicht prinzipiell angegeben werden, wodurch potentielle Interessenkonflikte schwieriger zu erkennen sind.

[47] So auch *Neumann*, Wahrheit im Recht, 2004, S. 51, wenngleich mit Blick auf das Verhältnis von Rechtswissenschaft und Justiz.

erfolgt, dass diese nicht als beliebig, weil ohne Weiteres durch die Gegenansicht austauschbar, wahrgenommen werden. Damit dies möglich ist, muss die Verfassungsrechtswissenschaft nicht nur gegenüber der Verfassungspolitik erkennbar Position beziehen, sondern rechtswissenschaftliche Debatten gerade in Verfassungsfragen so führen, dass deutlich wird, an welchen Stellen konkret argumentative Schwachpunkte eines bestimmten rechtswissenschaftlichen Standpunkts bestehen, und deren Bedeutung reflektieren. Erst hierdurch, nicht hingegen qua bloßen Verweises auf einen vermeintlichen wissenschaftlichen Konsens respektive die herrschende Lehre in der wissenschaftlichen Community,[48] wird schließlich ersichtlich, welche Qualität eine wissenschaftliche Aussage respektive die verschiedenen widerstreitenden verfassungsrechtswissenschaftlichen Positionen jeweils haben, und erkennbar, inwieweit ihnen Wertungen und damit Vorannahmen zugrunde liegen. Nur sofern die Rechtswissenschaft die Bedingungen dafür schafft, dass verfassungsrechtliche Positionen im politischen Diskurs

[48] Zur Kritik an der Unterstellung des idealen Diskurses innerhalb der Diskurstheorie sowie weiteren Argumenten dagegen, Diskursergebnisse als „Wahrheit" zu betrachten, *Weinberger*, Ratio Juris 9 (1996), S. 172 ff. (172 ff.). Zur Notwendigkeit der Bewertung eines Konsenses sowie zu selbst im Falle von dessen Vorliegen verbleibenden Friktionen des Verhältnisses von Wissenschaft und Politik siehe *Münkler*, Expertokratie, 2020, S. 436 ff. Bemerkend, dass es sich um einen „asymmetrisch vermachteten Diskurs" innerhalb der Staatsrechtslehre handele, sodass – unabhängig von der Frage der Überzeugungskraft der Diskurstheorie – jedenfalls keine idealen Diskursbedingungen bestünden, weshalb die Mehrheit nicht zwangsläufig die überzeugenderen Argumente auf ihrer Seite haben müsse, vgl. *Schulze-Fielitz*, Staatsrechtslehre als Mikrokosmos, 2012, S. 23.

hinsichtlich ihrer Überzeugungskraft belastbar bewertet werden können,[49] kann es gelingen, Verfassungsrechtspolitik wissenschaftlich zu betreiben. Nur auf diese Weise ist es möglich, der lose-lose-Situation „wissenschaftlicher Verfassungsrechtspolitik", in welcher die Politik von der Rechtswissenschaft nicht wirklich zu profitieren vermag, aber potentiell negative Rückwirkungen auf die Rechtswissenschaft nimmt, zu entrinnen und diese zu einer win-win-Situation zu wandeln. Schließlich erweist sich Kritik als notwendiger Modus sowohl demokratischen als auch wissenschaftlichen Denkens.[50]

---

[49] Ausführlich zur Frage der Bewertbarkeit von Expertisen durch Laien *Münkler*, Expertokratie, 2020, S. 395 ff., 416 ff.

[50] Vgl. schon *Mill*, On Liberty, 2003, S. 90 ff.; *Macleod*, Minerva 35 (1997), S. 369 ff. Ähnlich auch *Heinig / Kingreen / Lepsius / Möllers / Volkmann / Wißmann*, JZ 2020, S. 861 ff. (872).